Silvia Maria Engl

Meine 26 EGOS und ICH

Ein Wegweiser zu mehr Lebensfreude und Selbstverwirklichung

Schirner Verlag

ISBN Printausgabe 978-3-8434-1161-5
ISBN E-Book 978-3-8434-6192-4

Silvia Maria Engl:
Meine 26 Egos und ich
Ein Wegweiser zu mehr Lebensfreude
und Selbstverwirklichung
© 2014 Schirner Verlag, Darmstadt

Umschlag: Murat Karaçay, Schirner,
unter Verwendung von # 118855039
(Irish_design), www.shutterstock.com
Satz: Silja Bernspitz, Schirner, Ursula Massoth
Redaktion: Karin Garthaus, Schirner
Printed by: Ren Medien GmbH, Germany

www.schirner.com

2. Auflage Mai 2015

Alle Rechte der Verbreitung, auch durch Funk, Fernsehen und sonstige Kommunikationsmittel, fotomechanische oder vertonte Wiedergabe sowie des auszugsweisen Nachdrucks vorbehalten

INHALT

Warnung	**6**
26 Egos	**10**
4 Schritte zu Selbstverwirklichung und Lebensfreude	20
Wer aufwachen will, muss aufwachen	**26**
Der Aufbau der Kapitel	**30**
26 erstklassige Egos und ihre Macken	**43**
Die Dramaqueen	45
Der Dramenregisseur	57
Der Größenwahnsinnige	67
Die Kleinmacherin	77
Die Perfektionistin	87
Die »Dafür ist es zu spät«-Flüsterin	95
Die »Ich bin noch nicht so weit«-Beschwichtigerin	103
Die An-der-Welt-Erkrankte	113
Der Pseudo-Gleichmütige	123
Die Romantikerin	131
Die Motze	143
Die Superunabhängige	151
Der Desillusionator	159
Der Rechthaber	167
Die Kann-nix	175
Die Pseudo-Mutter-Teresa	183

Die Kaltherzige	189
Die Selbstbemitleiderin	197
Der Leidende	203
Der Sicherheitsfanatiker	211
Der Finanzielle-Sorgen-Haber	219
Die Scham-Maus	227
Der Muss-Macher	235
Die Prokrastinatorin	243
Der Übereifrige	251
Der Zweifler	257

Endlich frei! — **264**

Benenne deinen Feind!	265
Warum das Einfache manchmal zu einfach ist	267
Im Atem liegt die Kraft	268
Die Herzintegration	275
Das Ego phasenweise löschen	282
Mein Ego ist knallrot	289
Dein Egotagebuch	291
Ein gesunder Geist wohnt schön!	291

Schlussgedanken — **294**

Danke — **298**

Die Autorin — **301**

| Abbildungsverzeichnis | 302 |

Wenn die Seele eine bestimmte Klarheit der Wahrnehmung erlangt hat, gewinnt sie ein Wissen und eine Lebensmotivation jenseits aller Selbstsucht.

~ Ralph Waldo Emerson

WARNUNG

Solltest du mit deinem Leben, so, wie es ist, zufrieden sein, dann leg dieses Buch am besten sofort wieder weg! Dann willst du das, was hier steht, gar nicht wissen.

Wenn du in deinem Leben etwas ändern willst, dann bist du hier richtig. Bitte beachte dabei die Formulierung: Wenn DU in deinem Leben etwas ändern willst. Dieses Buch dient dazu, dein Bewusstsein, deine Wahrnehmung für dich und dein Denken zu schärfen. Du wirst anfangen, dein Denken kritisch zu hinterfragen. Grübeln, warum du denkst, was du denkst. Erkennen, dass nicht alles, was du für dich selbst gehalten hast, du selbst bist. Du wirst die Möglichkeit haben, dein wahres Selbst freizulegen und zu erkennen, was DU wirklich willst. Und schließlich wirst du Tipps von mir bekommen, die dich bei deiner Entwicklung unterstützen. Voraussetzung für diese Entwicklung ist allerdings, dass du selbst aktiv etwas zu deinem Glück beiträgst. Das ist schon eine unbequeme Sache. Scheint es. Tatsächlich ist es eine sehr lohnende.

Falls du das Buch noch nicht beiseite gelegt hast und dich womöglich dazu entschließt, es zu kaufen, dann will ich nachher keine Klagen hören! Behaupte nicht, ich hätte dich nicht gewarnt. Denn das Lesen dieses Buches, das Befolgen der Ratschläge und das Praktizieren der Übungen werden Folgen haben – und zwar äußerst angenehme.

Du liest immer noch? Mutig, mutig!

Dann möchte ich dich jetzt HERZlich willkommen heißen in der wunderbaren Welt des Erwachens! Einer Welt, in der du schnell feststellen wirst, dass du nie allein bist, weil du immer von einer Vielzahl von Stimmen begleitet wirst, die permanent auf dich einreden. Exemplarisch für diesen bunten Zoo an Reinquatschern findest du in diesem Buch 26 Gesellinnen und Gesellen, die uns davon abhalten wollen, wir selbst zu sein und unsere Träume zu leben. Lerne, deine einzig wahre, deine innere Stimme von den erwähnten Dampfplauderern zu unterscheiden! Am Ende winkt dir dann ein selbstbestimmtes und glückliches Leben. Denn unsere ureigene Stimme, die Stimme unseres Herzens, ist ein untrüglicher Kompass auf dem Weg hin zu Erfüllung und Freude – davon bin ich nach jahrelangen Eigenversuchen und der Arbeit mit zahlreichen Menschen überzeugt.

Was ich dir in diesem Buch vermitteln werde, basiert primär auf Erfahrung und nicht oder kaum auf Bücherwissen. Natürlich hatte und habe ich auf meinem Weg zu mir selbst immer noch großartige Lehrer an meiner Seite, habe wundervolle Bücher gelesen und wertvolle Tipps bekommen. All das waren Wegweiser, und ich hoffe, dass dieses Buch ebenfalls einer für dich sein wird. Doch nichts von alledem ersetzt die selbst gemachten Erfahrungen. Von daher möchten dich die hier geschriebenen Worte zu eben jenen Erfahrungen anleiten, führen und begleiten. Vielleicht steht das, was du hier liest, auch in anderen Büchern, mit anderen Worten, in anderen Sprachen. Das kann ich nicht beurteilen, ich habe nicht alle Bücher zu diesem Thema gelesen. Es war auch nie mein Ziel, eine theoretische Lebensfreude-Expertin zu werden. Was für mich zählt, ist das Erleben, Erfahren, Umsetzen. Also möchte ich dir in meinem Buch primär von meinen Erfahrungen und deren Ergebnissen berichten. Das wiederum bleibt für dich so lange theoretisches Wissen, bis du deine eigenen Erfahrungen gemacht hast. Dann, und nur dann, wirst du immer lauter und deutlicher deine eigene Stimme, deine Intuition wieder hören und fühlen können. Sie wird dich untrüglich Richtung Erfüllung und Lebensfreude führen.

Ich wünsche dir das Allerbeste für deinen Weg! Schaufle dich frei, und gehe deinen eigenen Weg! Den Kompass, der dich in Richtung Glück führt, trägst du bereits in dir. Nachdem du das Buch zu Ende gelesen hast, wirst du ihn sicherlich ein ganzes Stück besser für dich nutzen können. Und bring für die Lektüre unbedingt eine Prise Humor mit. Lachen ist einfach die beste Medizin – gerade wenn es um das eigene Ego geht. Schmunzle, wenn du dich in dem Geschriebenen wiederfindest. Erkenne, dass man das Ego nährt, indem man es bierernst nimmt. Ernsthaftigkeit hat in meinen Augen nichts mit Humorlosigkeit zu tun. Die inspirierenden Persönlichkeiten, denen ich begegnen durfte, strahlten immer viel Fröhlichkeit aus und konnten stets lachen – über sich, das Leben, alles, was ist.

Lerne, wieder auf dich, auf deine innere Stimme zu hören und nicht mehr auf die anderen Quatscher in deinem Kopf!
Denn: Es kann nicht zu viele glückliche Menschen auf diesem Planeten geben!

Abschließend möchte ich um Verständnis bitten, dass ich das »Du« als Anrede verwende. Zum einen sind die behandelten Themen sehr persönlich und tief greifend, sodass ich das »Sie« als unnötige Distanz empfinde. Zum anderen duze ich in aller Regel auch meine Klienten. Meine Arbeit ist sehr intensiv und ein Wirken von Herz zu Herz. Das wiederum kennt kein »Sie«, sondern nur ein »Wir«!

ALLES (IST) LIEBE.
Deine Silvia Maria Engl

26 EGOS

WAS IST IN DIESEM BUCH GEMEINT, WENN VON »EGO« DIE REDE IST? UND WIESO SIND ES 26?

Um auf die erste Frage zu antworten: Der Begriff bezieht sich nicht auf eine egoistische Ader im alltagssprachlichen Sinne. Ein in diesem Buch beschriebenes Ego ist nicht automatisch selbstsüchtig. Abhängig von der Art des Egos kann es den Charakterzug aber aufweisen oder ebenso ein absoluter Duckmäuser sein, der sich selbst immer an die letzte Stelle setzt.

Das Wort »Ego« hat hier folgende Bedeutung: Ein vermeintlicher Teil von mir, eine Stimme, flüstert mir etwas ein, was sie mir als absolute Wahrheit verkaufen möchte – quasi eine Marketingabteilung meines Denkens. Diese will mir ihre Glaubenssätze am laufenden Band unterjubeln.

Der besonders fiese Trick dieser Marketingburschen ist, die Glaubenssätze mit »Ich« zu formulieren. Damit glaube ich (also ich-ich, das wahre Ich), dass das wirklich ich bin, die das denkt. Wenn man noch einen Schritt weitergeht, ist das ganze Buch dementsprechend von meinen Egos geschrieben. Denn »ich« schreibe ja dieses Buch. Du verstehst? Falls nein, ist das an dieser Stelle auch kein Problem.

Die Egos verkaufen uns eine Identität. Ich glaube zu wissen, wer ich bin, was ich mag, was ich nicht mag, was ich denke oder fühle. Dabei sind es die Egos, die ständig Gedanken (re-)produzieren. Schließ einmal die Augen, und schau, was da oben in deiner Denkabteilung los ist! Egal, was du tust oder erlebst, ständig bewertest du es: »Ich finde das gut«, »Ich finde das schlecht«, »Das nervt mich«, »Das freut mich« und so weiter und so fort. Wer aber ist dann dieses »Ich«? Wenn wir das hinterfragen, führt uns das zu einer der existenziellen Fragen des Menschen: »Wer bin ich?« Die können wir wiederum erst beantworten, wenn wir wahrhaft erkennen, dass es ein »Ich« gar nicht gibt.

Um an den Ort der tiefsten Weisheiten und des inneren Friedens zu gelangen, der in uns liegt, gilt es, ein paar wesentliche Dinge zu verstehen. Dazu gehört die folgende Erkenntnis:

**Nicht alles, was ich denke und für wahr halte,
denke ich und halte ich für wahr.**

Wir wachsen nicht isoliert, sondern in einer Gemeinschaft auf. Die kleinste soziale Zelle ist dabei die Familie. Zu dieser kleinsten Einheit gesellen sich auch andere Gruppierungen wie beispielsweise Schulfreunde, Nachbarn, Mitglieder des Sportvereins, die Dorfgemeinschaft, ein Volk oder gar die Bewohner eines ganzen Kontinents. Sie alle prägen unser Denken und dadurch unser Verhalten. Menschen, die sich nur in ihrem Kulturkreis bewegen, halten oft viele Denkmuster und Normen für absoluter als Menschen, die andere Kulturen erleben, indem sie beispielsweise viel reisen. Verhaftet man etwa in Deutschland Menschen, die an öffentlichen Plätzen unbekleidet herumlaufen, gibt es anderswo Völker, die immer und überall nackt sind. Ihnen müsste man mit viel Geduld erst einmal erklären, was der Vorwurf »Erregung öffentlichen Ärgernisses« bedeutet. Dieser Straftatbestand ist also kein objektives Vergehen, sondern wurde bei uns als solches festgelegt. Das bedeutet: Irgendwann hat irgendwer einmal bestimmt, dass Nacktsein bei uns nicht schicklich ist und sogar bestraft werden sollte, auch wenn das Wetter unsere Nacktheit zulassen sollte. Der Ursprung für diese Denkhaltung, um bei diesem Beispiel zu bleiben, liegt meines Ermessens darin, dass uns früh beigebracht wird, uns für körperliche Dinge zu schämen.

Nackte Körper sind tabu. Es sei denn, sie sind schön verpackt und entsprechen den Idealmaßen. Dann dürfen sie Werbeplakate in der ganzen Stadt zieren. Je öfter wir solche Plakate sehen, desto mehr schämen wir uns aber für unsere Körper, die nicht aussehen wie gephotoshopt, und geben viel Geld dafür aus, sie mit Textilien zu bedecken, die unsere scheinbaren Mängel dann wettmachen sollen. Von dieser Reaktion profitieren ganze Industriezweige. Es gibt also auch eine große Menge Menschen, die darauf erpicht sind, dass unsere »Scham-Egos« weiterhin aktiv bleiben. No pain, no gain – nur, dass pain (Schmerz) und gain (Gewinn) nicht beim gleichen Profiteur liegen.

Nur, um es noch einmal zu klären: Ein »Scham-Ego« ist also nichts anderes als eine meiner vermeintlichen Identitäten, die mir vorgaukelt, dass ich mich für etwas Bestimmtes schämen müsste und dass dieses Schamgefühl mehr als angemessen, natürlich und normal sei. Dabei kann man sich sowohl für den Körper schämen als auch für etwas, was man getan (oder gelassen) hat. Oder auch für etwas, was man gerade denkt!

Sich für körperliche Dinge zu schämen, beginnt bereits in der Familie. So wird dem Kleinkind beispielsweise irgendwann beigebracht, dass das Bäuerchen jetzt nicht mehr beklatscht wird wie bisher, sondern als unfein und unerwünscht gilt. Ab einem bestimmten Alter erntet man also missbilligende Blicke für das Aufstoßen, oder man wird ausgelacht oder beschimpft. Diese vermeintliche Weisheit wird nach bestem Wissen und Gewissen weitergegeben – und setzt sich in unserer Gesellschaft fort. Und weil alle es so machen und so denken, muss es wahr sein. »Ich darf mich auf keinen Fall in der Öffentlichkeit nackt zeigen!« ist ein Glaubenssatz, den wir in der Regel für absolut wahr halten. Dementsprechend vermeiden wir das Nacktsein. Zumindest die Schambereiche (!) müssen bedeckt sein (siehe Schwimmbekleidung). Die wenigen Menschen, die dem keinen Glauben schenken und sich anders verhalten, werden separiert (FKK-Bereich), für verrückt (= nicht den »Normalen« zugehörig) oder sogar für gefährlich gehalten. Und wer will schon ausgegrenzt und für verrückt oder gefährlich gehalten werden?

Eben.

Darum hören wir auf so ein Scham-Ego. Wir wollen vermeiden, ausgegrenzt zu werden.

Dieses Beispiel ist aber nur eines von zahllosen anderen. Und das hier ist auch kein Aufruf, dass wir jetzt alle nackt auf die Straßen laufen sollen. Vielmehr soll dieses Beispiel etwas klar machen – nämlich, dass diese Flüsterer in unseren Köpfen uns am laufenden Band sogenannte Wahrheiten präsentieren, die letztlich immer dazu dienen sollen, geliebt, anerkannt, integriert, respektiert zu werden. Sie sagen uns auch: »Wenn du das anders machst, dann wirst du schon sehen, was du davon hast! Keiner wird dich mehr mögen, alle werden dich für doof halten. Willst du das? Nein! Also höre auf mich!« Die Bandbreite der Aussagen unserer Egos ist riesig. Sie geht von »Wer im Konzert laufend hustet, ist ein Störfaktor!« (= peinlich, unerwünscht) über »Nur die Harten kommen in den Garten!« (= wer Schwäche zeigt, ist ein Loser) bis hin zu »Nur wer arbeitet, trägt zu unserer Gesellschaft etwas Wesentliches bei« (= wer nicht arbeitet, ist ein Schmarotzer und liegt anderen Menschen auf der Tasche). Mit Arbeiten ist in diesem Fall die Tätigkeit gemeint, mit der Geld verdient wird. Aus diesem Grund fließen ehrenamtliche Ämter zum Beispiel bei uns nicht ins Bruttosozialprodukt ein, und Arbeitslose stürzen oftmals in tiefe Sinnkrisen, weil sie sich wertlos fühlen. Letztlich üben alle diese »Weisheiten« in der einen oder anderen Form Druck auf uns aus. Und wer unter Druck steht, kann schwerlich glücklich sein und unbeschwerte Lebensfreude empfinden.

Als ich begonnen habe, mich tiefer gehend mit mir zu beschäftigen, wurde ich bei Kursen mit spiritueller Ausrichtung oft mit der Aussage »Das sagt dein Ego!« konfrontiert. Mir war lange nicht wirklich klar, was damit gemeint war, denn für mich passte so vieles nicht zusammen. Wenn ich beispielsweise – mit einer nicht zu leugnenden Überheblichkeit – glaubte, dass ich dieses oder jenes besser könnte als alle anderen, war das angeblich mein Ego. Wenn ich dann aber erzählte, dass ich für dieses oder jenes keinesfalls gut genug wäre, war das angeblich auch mein Ego. Ja, was denn jetzt?! Wie sollte ich diesen angeblichen Feind überwinden, wenn ich ihn nicht einmal identifizieren konnte? Handelte jetzt mein Ego, wenn ich überheblich war, oder zeigte es sich, wenn ich mich kleinmachte?

Erst als ich anfing, »mein Ego« in »meine Egos« zu splitten, nahmen sie Gestalt an. So wurden sie für mich greifbarer, und jetzt war es mit einem Mal viel leichter, meine Gegen-/Mitspieler zu identifizieren. Ich konnte mich nun auch entspannt auf die Suche nach ihrem Ursprung machen und sie an der Wurzel packen. Denn meine Dramaqueen fußt zum Beispiel ganz woanders als etwa Madame Kann-nix. Durch das Beobachten meiner Gedanken lernte ich mich und all meine lieben »Mitbewohner« immer besser kennen. Ich merkte, wie viel Macht sie über mich hatten, und fing an, ihnen diese Macht mehr und mehr zu entziehen. Du fragst, wie das funktioniert? Ganz einfach: Kenne deinen Feind, und mache ihn zu deinem Freund! Dabei wird dir dieses Buch helfen.

Ein klares Erkennungsmerkmal eines Egos ist, dass es stets nach außen gerichtet ist. Das, was es will, kommt von irgendeiner externen Quelle. Das kann die Aufmerksamkeit seiner Mitmenschen sein, die Anerkennung von Bekannten für die tolle Leistung, die Gehaltserhöhung vom Chef aufgrund besonderer Ergebnisse … Die Egos interessieren sich nicht dafür, was das Herz will. Manchmal kommt es tatsächlich vor, dass beide – Ego und Herz – das gleiche Ziel haben. Wenn das Herz aber etwas völlig anderes will, ist das dem Ego völlig egal. Es macht sich nicht die Mühe, zu meditieren (außer vielleicht das spirituelle Ego) und damit das Erwünschte in sich selbst zu suchen und zu finden. Nein, gierig strebt es stets nach außen.

Wenn ich also etwas möchte und gerne wissen würde, ob das wirklich ich oder nur wieder eins meiner Egos will, dann kann ich mir die Frage stellen: »Woher beziehe ich das Gewünschte?« Lautet die Antwort »von außen«, ist das ein recht sicheres Indiz dafür, dass es das Ego ist, das wieder etwas verlangt.

Ein wichtiger Schritt in puncto Machtwechsel war und ist es, diesen Stimmen Namen zu geben. Wann immer mich heute (eine irrationale) Angst vor etwas befällt, gebe ich dieser Angst einen Namen. Ich identifiziere sie, benenne sie, und dann rede ich mit ihr. Damit ist nicht die überlebenssichernde Angst gemeint, die auf wahrem Instinkt beruht. Wer lernt, wieder auf sich und seine Intuition zu hören, spürt den Unterschied sehr schnell! Nein, vielmehr meine ich hier Befürchtungen wie: »Ich weiß, meine Tante würde sich freuen, wenn ich ihr zum Geburtstag ein Ständchen singe. Aber ich habe Angst, dass mich alle auslachen, weil ich nur mittelmäßig singen kann.« Dahinter steckt also die Angst, sich zu blamieren. Aber wieso eigentlich? Was ist so schlimm daran, sich einmal ordentlich zu blamieren?

Was es mit der Namensgebung auf sich hat und wie sie dir dabei helfen kann, Befürchtungen zu überwinden und letztlich doch auf dem Geburtstag der Tante zu singen (mit viel Freude und ohne Angst), wird später noch ausführlich erklärt.

Auch habe ich damit aufgehört, meine Egos zu hassen. Im Gegenteil, ich kann jedem von ihnen etwas Positives abgewinnen. Das führt zu weniger Ablehnung (meiner selbst) und zu mehr Akzeptanz dessen, was ist. Für dieses Buch habe ich nun 26 solcher Lebensgefährtinnen und Lebensgefährten identifiziert, charakterisiert, und ich habe dargelegt, mit welchen manipulativen Sätzen sie uns unter Druck setzen. Wie wir selbst, so haben auch unsere Egos wenig Lust, zu sterben.

Darum kämpfen sie ums Überleben, oftmals mit fiesen Strategien. Erst wenn wir aufhören zu glauben, dass wir mit ihnen identisch sind, können wir sie loslassen. Dann verschwinden sie zwar auch nicht unbedingt für immer, aber sie haben keine Macht mehr über uns. Und wir können endlich tun und lassen, worauf wir in Wahrheit Lust haben und womit wir uns gut fühlen.

FASSEN WIR ALSO ZUSAMMEN:

- »Ego« steht für eine Stimme in mir, die mir ihre Wahrheit als meine Wahrheit verkaufen will.

- Der Trick dieser Stimme besteht in der Verwendung des Wortes »Ich«, denn dadurch erfolgt Identifikation mit ihr.

- Diese Stimmen werden im Laufe des Lebens »gesammelt«
    - durch Erziehung (zum Beispiel Eltern oder Lehrer),
    - durch Kopieren von vermeintlich Nachahmenswertem (zum Beispiel Idole),
    - durch Manipulation (zum Beispiel Werbung).

- Wir hören auf das Ego in der Hoffnung, unangenehme Geschichten und Erlebnisse vermeiden zu können.

- Das Ego ist so facettenreich wie seine Ursprünge, hat also sehr viele Gesichter, »Identitäten«.

- Solange man das Ego nicht hinterfragt und entlarvt, hat es Macht über einen. Das kann zum Beispiel zu Unzufriedenheit führen, weil man eigentlich das eine will, sich aber aufgrund seines Egos und dessen Wahrheit anders verhält.

- Und ein ganz entscheidender Punkt ist: Das Ego sieht das Außen als Quelle der Erfüllung seiner Wünsche an.

4 SCHRITTE ZU SELBSTVERWIRKLICHUNG UND LEBENSFREUDE

Wenn ich in einer Lebenssituation bin, die nicht meinem Ideal entspricht (und ich behaupte: Das trifft auf die meisten Menschen zu), brauche ich eine Strategie. Eine Strategie, um mich aus dieser Situation zu lösen und mich auf mein Ideal zuzubewegen.

Allem voran steht eine Entscheidung.

1. ICH ENTSCHEIDE MICH DAFÜR, IN MEINEM LEBEN ETWAS ZU VERÄNDERN.

Zwar reden viele von Veränderung, aber sie treffen nie wirklich eine Entscheidung, um diese auch durchzusetzen. Oftmals ist es die Angst vor den Konsequenzen (auch wieder nur so eine Ego-Nummer), die sie daran hindert. Doch wer eine Veränderung will, der kommt an Entscheidungen nicht vorbei – einschließlich der Bereitschaft, etwas zu ändern.

Damit das sinnvoll und zielführend ist, sollte ich mir darüber im Klaren sein, was ich wirklich will.

2. ICH WEISS GENAU, WAS ICH WILL.

Tatsächlich ist das eine der größten Herausforderungen für sehr viele Menschen. Fragt man eine unzufriedene Person, was sie möchte, beginnt sie in der Regel einen Vortrag. Der beinhaltet, was sie alles nicht mehr will. Wie soll ich aber an mein Ziel gelangen, wenn ich keine Ahnung habe, wie mein Ziel aussieht? Wenn ich nur weiß, wie es nicht aussieht? Zu wissen, was ich nicht will, ist gut. Aber es sagt noch nichts darüber aus, was ich will.

Die eigene Zielfindung ist nicht Thema dieses Buches. Wenn du mit der eigenen Zielfindung Schwierigkeiten hast, aber mehr zu dem Thema wissen willst, stößt du bestimmt auf die richtige Lektüre oder den geeigneten Menschen, der dich dabei unterstützt. Ein guter Coach etwa fördert und beschleunigt diese Prozesse enorm!

3. WAS BIN ICH BEREIT, FÜR MEINE VERÄNDERUNG ZU GEBEN?

Jammern, Klagen, schön und gut. Träumen ist auch eine feine Sache. Aber wirklich etwas verändern? Raus aus der Komfortzone und aktiv etwas tun? Oder womöglich sogar noch finanziell in etwas investieren, zum Beispiel in einen guten Berater? Nein, danke, dann doch lieber das Geld wieder für das nächste Paar Schuhe oder für ein größeres Auto ausgeben! Das kann man sehen, da hat man was davon. Jemanden für ein paar Ratschläge zu bezahlen oder mir sagen zu lassen, was ich ohnehin längst schon weiß? Also bitte!

Klingt überzogen, läuft aber sehr oft genau so und nicht anders. Ich möchte dich nicht davon überzeugen, etwas in deine Veränderung zu investieren: Geld, Zeit, Kraft, Energie, was auch immer. Das vorliegende Buch ist kein Motivationsbuch – zumindest kein primär darauf ausgerichtetes. »Tschakka!« gibt es woanders.

Das hier ist ein Buch, das dein Bewusstsein erweitern kann, wenn du es zulässt. Der Rest kann, darf und soll aus dir kommen – auch die Bereitschaft, für deine Veränderung etwas zu tun. Allerdings kann eine Lektüre dieses Buches dir dabei helfen, die Stimmen zu entlarven, die dich auf der Lümmelcouch halten wollen.

Und noch einmal: Wenn du wahrhaft glücklich wärst, würdest du das hier wohl gar nicht lesen, sondern gerade lächelnd spazieren gehen, an deinem Traumstrand surfen, malen oder einfach nur sein. Dein bisheriges Denken und Handeln hat dich also nicht ans Ziel geführt. Zumindest nicht zum Ziel »echte Lebensfreude«. Meinst du nicht, es wäre dann an der Zeit, deine Energie umzulenken? Unglücklich, frustriert und verärgert zu sein, erfordert nämlich auch Energie. Eine ganze Menge sogar. Mindestens so viel Energie, wie es dich kostet, dein Leben hin zum Besseren zu verändern. Im Endeffekt kosten dich diese Negativzustände dein Leben, weil du ein Leben führst, das gar nicht

22   **Meine 26 EGOS und ICH**

deines ist. Eines, das dich nicht erfüllt. Eines, von dem du auf dem Sterbebett womöglich sagen wirst: »Ich habe mein Leben nicht gelebt. Das war nicht meines.« Sondern das deiner Egos.

4. ICH BIN BEREIT. WIRKLICH. UND NUN?

Herzlichen Glückwunsch! Dann viel Freude mit der Lektüre der folgenden Kapitel, in denen ich dir 26 Egos und Egoinnen vorstellen werde. Du wirst dich darin vermutlich öfter wiederfinden, als dir lieb ist. Damit du verstehst, inwiefern dir diese Erkenntnis dienlich sein kann, werde ich im Folgenden den Aufbau dieser Kapitel erklären und veranschaulichen, was du bereits beim Lesen aktiv zu deiner Machtübernahme beitragen kannst. Ja, du liest richtig. Auch bei der Lektüre darfst du mitarbeiten. Von daher solltest du ab sofort immer einen Stift und Papier zur Hand haben, um Notizen zu machen. Denn die Fragen, die dir im jeweiligen Kapitel gestellt werden, solltest du unbedingt schriftlich beantworten. Zum einen, weil das für dich Klarheit schafft. Zum anderen, weil es eine schöne Möglichkeit ist, deinen eigenen Fortschritt nachzuvollziehen, etwa, wenn du das Buch zu einem späteren Zeitpunkt noch einmal liest und die Fragen erneut beantwortest. Das Stiftsymbol kennzeichnet Passagen, in denen du selbst aktiv werden sollst.

Wenn du dieses Buch »nur« liest, dann wirst du manchmal nicken. Du wirst vielleicht anderen davon erzählen und sagen, was für ein tolles (oder schlechtes) Buch das ist. Oder du wirst vielleicht darüber nachdenken und an einigen Stellen zustimmen: »Ja, sinnvolle Tipps, das sollte ich mal machen!« Aber das allein wird NICHTS VERÄNDERN!

Weißt du, wie viele Menschen mich in den letzten Jahren gefragt haben, wie ich mein Leben so drastisch verändern konnte, sodass es heute genau meines ist? Erfüllt, glücklich und frei? Sehr viele. Und weißt du, wie viele von denen bereit waren, zu ihrer eigenen Veränderung aktiv beizutragen? Vergleichsweise wenige.

Die Herausforderung unserer Gesellschaft ist nicht, noch mehr Wissen anzusammeln. Wir haben schon einen relativ hohen Bildungsgrad. An Wissen mangelt es uns selten. Der grönländische Schamane Angaangaq bringt es wunderbar auf den Punk. Er sagt, dass der längste Weg, den ein Mensch zurücklegen könne, der von seinem Kopf zu seinem Herzen sei. Also lies dieses Buch nicht, um noch mehr Wissen anzuhäufen, sondern, um dein Denken zu verändern und damit einhergehend dein Fühlen. Denn was wir tatsächlich brauchen – gerade auch in unseren Schulen – ist Herzensbildung. Und die beginnt, wie alles, bei jedem Einzelnen selbst. Wenn unsere Kinder eines wirklich brauchen, dann sind das echte Vorbilder. Werde eines davon! Werde ein glücklicherer Mensch, und trage so zur Verbesserung der Gesellschaft bei. Denn wer sich in erster Linie darum kümmert, selbst aufrichtig glücklich zu werden, ist kein Egoist, sondern ein Ego-Kenner und -Überwinder. Wie du das wirst, erfährst du jetzt.

FASSEN WIR ALSO ZUSAMMEN:

4 Schritte hin zu mehr Lebensfreude und Selbstverwirklichung:

1. Die Entscheidung für Veränderung

2. Die Klarheit darüber, was du willst

3. Die Bereitschaft, für Veränderung etwas zu geben bzw. aufzugeben

4. Verstehen, bewusst machen, handeln!

WER AUFWACHEN WILL, MUSS AUFWACHEN

Damit du deine destruktiven Egos entmachten kannst, brauchst du Bewusstsein. Du benötigst dafür die Klarheit, wer da eigentlich zu dir spricht und behauptet, er sei du. Oder anders gesagt: Wer hat dir diesen Gedanken eingepflanzt? Dass du glaubst, du könntest nie ein sorgenfreies Leben erreichen. Dass du glaubst, du seist nicht gut genug für eine Beförderung. Dass du glaubst, Geld sei etwas Schlechtes. Dass du glaubst, die Welt sei ein schrecklicher Ort mit grausamen Menschen. Und so weiter und so fort. Manche dieser Einflüsterungen hörst du schon so lange, dass du gar nicht mehr auf die Idee kommst, es könnte eine andere Wahrheit geben.

Decke ich bei Klienten solche Glaubensmuster auf, kommt meist ein verblüfftes oder sogar abwehrendes »Aber das IST so!«. Der Mensch ist so stark von seinen Überzeugungen geprägt, dass er behauptet, sie seien keine Denkmuster, sondern schlichtweg die Realität. Die einzig wahre, unumstößliche Realität! Wir identifizieren uns mit diesen Wahrheiten so stark, dass wir gar nicht mehr auf die Idee kommen, es könnte auch andere geben! Dabei zeigt allein ein Blick auf fremde Kulturen, dass unterschiedliche Völker auch unterschiedliche Dinge glauben, die innerhalb ihres Kulturkreises unanzweifelbar erscheinen. Bis man sie von außen betrachtet.

So gelten den Hindus in Indien Kühe als heilig, während Rindfleisch in Deutschland ein völlig normales Nahrungsmittel ist. Dafür gibt es hierzulande Menschen, die selbstverständlich Schweine essen, sich aber darüber aufregen, wenn Japaner Delfine verspeisen. Japaner deuten ein Lachen eher als Verlegenheitsgeste, wohingegen ein Europäer erst einmal davon ausgeht, dass ein lächelnder Mensch gerade fröhlich ist. Konfuzius sagte hierzu sehr treffend: »Die Natur der Menschen lässt sie einander nah sein, doch die Gebräuche halten sie voneinander fern.«

Was glauben wir nicht alles, als wahr zu erkennen und zu wissen. Deine Wahrheit aber entsteht und wohnt in deinem Kopf. Dort muss sie aber nicht bleiben. Mach dir bewusst, dass Weisheit der eigenen Erfahrung entspringt.

Somit ist auch der Anteil echten Wissens, den die Kinder in unseren Schulen erwerben, auf ein absolutes Minimum reduziert. Weil sich die meisten aber ungern eingestehen, dass sie fast gar nichts wissen, bleiben sie einfach bei dem, was ihnen selbst eingetrichtert wurde, und sie wollen, dass das auch für die nächste Generation gilt. Man lässt sich ja von den eigenen Kindern nicht gern als blöd hinstellen, nicht wahr? Dann lieber immer wieder die blaue Matrix-Pille[1] schlucken als einmal

---

1 Im Hollywoodfilm »Matrix« (1999) wird der Protagonist Neo vor die Wahl gestellt: Entweder schluckt er die blaue oder die rote Pille. Nimmt er die blaue, wird er wieder in seinem Bett aufwachen und vergessen haben, was er gesehen und erlebt hat. Oder aber er schluckt die rote Pille und wird so sein Bewusstsein für die wahre Realität erweitern anstatt der ihm bisher vorgegaukelten.

Meine 26 EGOS und ICH

die rote. So ist es beispielsweise auch einfach, »schwierige« Kinder mit dem Etikett ADHS zu versehen und ihnen Tabletten zu verabreichen, damit sie wieder systemkonformer werden. Ein Pharmakonzern hat dieses Prinzip mit seinem kurzen, prägnanten Slogan hervorragend vermarktet: »Da gibt es doch was von …!« Genau! Egal, was uns gegen den Strich geht, es gibt mindestens eine Tablette dagegen. Lieber die Symptome chemisch unterdrücken, als sich ernsthaft und tief gehend mit den Ursachen zu beschäftigen. Für so etwas haben wir nämlich weder Zeit, noch haben wir Lust darauf. Mit dieser Bequemlichkeit schaden wir aber nur uns selbst – und bedauerlicherweise unseren Kindern. Zumindest hält das so lange an, bis sie sich wehren können, falls sie das überhaupt noch wollen und nicht auch lieber munter die blauen Pillen weiterschlucken möchten.

Du willst ein schöneres, freudvolleres, glücklicheres, erfüllteres Leben? Dann wirst du nicht daran vorbeikommen, aus deinen Kuschelträumen aufzuwachen und an dir zu arbeiten – an deinem Denken, deiner Wahrnehmung. Der Weg führt dabei nach innen. Denn dort liegt die wahre Erfahrung verborgen. Nur dort erhält man die Antwort auf die Frage »Wer bin ich?«.

Es gibt glücklicherweise Wegweiser auf unserem Weg zur Selbstfindung in Form von Lehrern, Büchern, Videos usw. Aber sie nur zu bezahlen bzw. zu konsumieren, ist nicht zielführend. Du musst dich selbst verändern! Ansonsten ist das so, als würdest du ein Diätvideo nach dem anderen schauen, während du pfundweise Kartoffelchips und Gummibärchen in dich hineinstopfst. Und anschließend wunderst du dich dann, dass du nicht schlanker wirst, obwohl du doch schon so viel dafür tust.

Kenne deinen Feind: das Ego! Mache ihn zu deinem Freund! Und sei dazu bereit, in dich zu gehen und an dir zu arbeiten!

AUFGEWACHT!

- Nicht alles, was wir für »real« oder »wahr« halten, ist es auch.

- Wissen basiert auf Erfahrung, Erleben.

- Die Wahrheit über mich selbst und meine Welt finde ich allein in meinem Inneren.

DER AUFBAU DER KAPITEL

1. DIE EGOART

Im ersten Punkt wird die Egoart benannt, beispielsweise »Die Dramaqueen«. Diese Bezeichnung ist Programm.

Mache dir bewusst, dass wir alle etwas von jeder Egoart in uns tragen. Manche wirst du sofort bei dir wiedererkennen und andere vielleicht entrüstet von dir weisen. Reaktionen wie »Ja, die Ines, die ist so. Aber ich nicht!« sind der beste Indikator dafür, dass du diese Eigenschaften sehr wohl in dir trägst. Du möchtest es nur nicht wahrhaben. Umso lohnender ist es, da genauer hinzusehen.

Vergiss nicht: Der beste Weg, seinen Feind zu entmachten, ist der, ihn zu kennen und ihn zu benennen!

2. DER EGONAME

Und damit sind wir beim zweiten Punkt. Gib deinen Egos Namen! Es ist ein alter psychologischer Trick, mit dem ich selbst hervorragende Ergebnisse eingefahren habe. Wann immer ich eine negative Emotion in mir habe und ihr einen Namen gebe, bin ich im Dialog mit ihr. Statt blind vor Wut zu rasen, nenne ich diese Wut, sagen wir mal, Egon. Oder Irmgard. Oder Vollpfosten. Ganz nach Lust und Laune. Aber ICH

30   Meine 26 EGOS und ICH

bestimme den Namen. Und dann spreche ich sie/ihn an: »Aha, Egon, du regst dich also tierisch über meinen Vater auf. Interessant. Was genau stört dich denn so an ihm? Erzähl doch mal, Egon. Ich höre zu.« Wenn du das tust und sich deine Wut daraufhin nicht gelegt hat oder zumindest kleiner geworden ist, wäre das verwunderlich. Denn du hast in diesem Moment etwas sehr Wichtiges geschaffen: Distanz. Distanz zwischen dir und deiner Wut. Du bist nicht mehr deine Wut, sondern die Wut ist jetzt etwas, was du von außen betrachten kannst. Du kannst mit ihr kommunizieren. Das nimmt den Druck raus.

Was mit einer einzelnen Emotion geht, funktioniert auch bei wiederkehrenden Egos. So merkst du vielleicht, dass du nicht nur auf deinen Vater mal wütend bist, sondern dass es eigentlich ziemlich viele Leute gibt, über die du dich aufregen könntest – und das auch immer wieder tust. Na, wie soll dieser Wüterich denn heißen? Wuti? Franz? Oder fühlt sich deine Wut weiblich an? Ist sie eine Ira? Eine Pflaume? Egal, wie die Benennung aussehen mag: Sie verleiht dir Macht über das Ego.

Die Stelle für den Namen bleibt deshalb leer. Ich will dich nicht mit meinen Namensgebungen beeinflussen. Sei versichert: Welcher Name dir auch immer in den Sinn kommt, er ist der richtige.

Was das Geschlecht der Egos angeht, so habe ich ihnen meinem Gefühl nach entweder eine weibliche oder eine männliche Identität gegeben. Meine Dramaqueen ist eindeutig eine Queen und kein King. Jeder Mensch ist da aber anders. Oder aber es verändern sich deine Gefühle, wenn du anfängst, dich selbst zu verändern. Früher hatte ich beispielsweise ein sehr starkes, dominierendes Ego, das ein riesengroßer Mann in Gestalt eines Schattens war. Mit dem Verschwinden meiner rigiden Kontrollmuster verwandelte es sich in eine Frau. Diesen Geschlechtswechsel habe ich nicht bewusst aufgrund irgendwelcher Rollenklischees so gesteuert. Er hat sich einfach in meinem Inneren vollzogen. Jemand meinte mal, das klinge sehr sexistisch. So ist es keinesfalls gemeint. Es ist allein mein persönliches Erleben, das ich nicht weiter bewerten will. Wozu auch?

Die einzige Instanz, die die Frage nach dem Geschlecht eines Egos beantworten kann, bist du bzw. dein Gefühl. Hier geht es um ein Gespür und nicht um wissenschaftliche Fakten. Diese bringen dich hier nicht weiter. Warum solltest du dich also lange damit aufhalten?

Wenn du anfängst, so mit dir und an dir zu arbeiten, beschränkst du dich anfangs am besten auf die ein oder zwei am häufigsten auftretenden Egos. Sonst kommst du in deinem riesigen Ego-Rudel noch ganz durcheinander. Also lasse alle deine Egos schön eines nach dem anderen antreten. Oder hast du ein sehr ungeduldiges Ego?

DIE CHARAKTERISIERUNG

In diesem Punkt werden Fragen geklärt wie: Was ist typisch für dieses Ego? Welche Eigenschaften zeichnen es aus? Fühle dich frei, wie überall hier in diesem Buch, die gedruckten Vorschläge durch eigene Notizen auf einem Blatt Papier zu ergänzen. Vielleicht weicht deine Dramaqueen von der Dramaqueen ab, die ich kenne. Streiche die entsprechenden Passagen durch, und schreibe sie neu, wie immer es für dich stimmt. Aber mache dir klar, wer dein Feind ist! Kenne ihn!

Obwohl ich bestimmte Egos als Feind bezeichne, heißt das nicht – um das einmal klarzustellen – dass du gegen sie ankämpfen sollst. Im Gegenteil, damit stärkst du das entsprechende Ego nur noch. Nein, der Kampf erübrigt sich in dem Moment, in dem du dir seiner bewusst wirst. Dann ist es bereits kein Feind mehr, sondern nur noch eine Stimme in deinem Kopf, die einfach dummes Zeug erzählt. Aber das bist nicht (mehr) du. Die meisten Egos stellen sich deinen Träumen und Wünschen in den Weg, indem sie deine Argumentationskette mit einem »Aber« einläuten. Zum Beispiel:

Intuition: »Ich würde mir gerne mal vier Wochen am Stück freinehmen.«
Ego: »Aber das kann ich nicht. Ich kann mir das einfach nicht leisten.«

Meine 26 EGOS und ICH

So, so. Mein Herz sehnt sich also nach einer Pause, aber ich kann mir keine nehmen? Nun, der Finanzielle-Sorgen-Haber sieht das vielleicht so. Er ist nun mal ein Sicherheitsfanatiker und möchte gern, dass wir all den »Luxus« bis zum Rentenalter verschieben. Auch erzählt er uns ständig, dass wir uns dieses und jenes nicht leisten könnten. Das muss nicht mal stimmen. Er quasselt uns auch mit diesen Argumenten voll, wenn wir Geld auf dem Konto haben. Dann argumentiert er, dass wir das aber für etwas anderes bräuchten, zum Beispiel für die Altersvorsorge oder für einen möglichen Notfall, oder, oder, oder. Am liebsten beschwört er dabei das Bild seiner konstruierten Armuts-Zukunft herauf.

Ich bin allerdings kein Finanzielle-Sorgen-Haber! Er will es mir nur so verkaufen, damit ich schön die Füße stillhalte. Sei aber nicht sauer auf ihn, das ist nun mal sein Job. Wir haben ihn irgendwann erschaffen oder ihm Einlass in unser Denkstübchen gewährt. Das heißt aber nicht, dass er Gastrecht auf Lebenszeit haben muss. Das dürfen wir diesem Ego jetzt mal klarmachen.

Höre deinen Stimmen im Kopf gut zu. Und behalte als Faustregel für ein schöneres Leben im Hinterkopf:

Hinter jedem Aber steckt meist nur Gelaber!

DIE EXISTENZGRUNDLAGE

Jedes Ego hat einen Nährboden, auf dem es leben und gedeihen kann. So glaubt die Perfektionistin etwa, dass sie niemals vollkommen genügen könne. So, wie sie ist, reicht es einfach nicht. Für nichts und niemanden. In Wahrheit aber genügt sie sich selbst nicht. Weil sie das ganz tief in sich glaubt, kann diese Egoart weiterhin wachsen und gedeihen. Dazu hat sie vermutlich früh gelernt, dass Bestleistungen ihr Liebe in Form von Anerkennung, Lob und Zuwendung bringen. Also setzt sie alles daran, ihre eigene Unsicherheit mit vermeintlichem Perfektionismus zu überlagern.

Ohne die Angst, nicht zu genügen, hat dieses Ego keine Existenzgrundlage mehr. Entfernt man diese Wurzel, stirbt es. Wohlgemerkt: das Ego, nicht wir selbst.

DIE DROHUNGEN

Eine gewisse Zeit lang mag ein Ego es noch gelassen hinnehmen, wenn das Menschlein nun versucht, gegen es anzugehen. Denn oft hat es einen jahrzehntelangen Vorsprung im Dominieren und fühlt sich als Herr oder Herrin im Haus. Doch irgendwann merkt es, dass es ihm nun an den Kragen geht. Dann findet ein Spektakel der Sonderklasse statt. Das kann ich aus eigener Erfahrung wahrlich sagen!

So war ich beispielsweise während einer zehntägigen Vipassana-Meditation (dringend zu empfehlen!) mit meiner Romantikerin, die sich im Todeskampf befand, beschäftigt. Ich hatte sie durchschaut und erkannt, wie viel Leid sie mir schon verursacht hatte. Meine Entscheidung, mich von ihr zu verabschieden, war gefallen. Meine Güte, da war was los! Während ich auf dem Boden in der Meditationshalle saß, bekam ich Schweißausbrüche. In mir schrie es, dass ich bis ans Ende meiner Tage allein bleiben müsse, wenn ich aufhören würde, ihre Geschichten zu glauben. Geschickt als »Ich« verkleidet, wütete die Stimme nun in meinem Kopf: »Wenn ich(!) nicht nach meinem Traummann strebe und ihn mir ausmale, wie soll er sich dann je manifestieren? Wie will ich wissen, ob er der Richtige ist, wenn ich keine Ahnung habe, wie er sein soll? Wenn ich aufhöre, so zu denken, werde ich als alte, abgewrackte, einsame Jungfer enden und neidisch auf glückliche Paare blicken, bis ich in meinem Bett allein verrecke!«

Bitte entschuldige die Wortwohl, aber meine Romantikerin kämpfte um ihr Leben, und da sind Egos nun mal nicht zimperlich. Sie fahren mitunter schwerste Geschütze auf, um an und in uns haften bleiben zu können. Schenke diesen Stimmen kein Gehör. Sie wollen uns immer nur Angst machen. Angst, wie schrecklich und grausam und entbehrungsreich unser Leben wäre, wenn wir nicht auf sie hören. Je näher du dran bist, eines deiner Egos loszulassen, umso erbitterter wird dieser Kampf sein. Nicht immer. Manche Egos gehen auch ganz sanft. Du wirst merken, wie es bei dir abläuft.

In diesem Zusammenhang noch ein Hinweis. »Loslassen« bedeutet nicht, dass dieses Ego nun für immer und alle Zeit verschwunden ist. Manchmal meldet sich die Romantikerin heute noch bei mir, aber sie hat nun keine Macht mehr. Sie ist wie eine Bekannte, die dann und wann mal einen Einwurf macht. Ich kenne das Früchtchen nun aber und nicke dann nur. »Ja, ja«, sage ich dann, »ist schon recht. Danke und auf Wiedersehen. Oder auch nicht.« Ende der Diskussion, der Frieden in meinem Inneren ist wiederhergestellt.

Damit für dich Klarheit entsteht bezüglich dessen, was gemeint ist mit: »Was dein Ego dir erzählt«, habe ich einen Tipp für dich. Höre dir selbst zu! Sprich mit einem anderen Menschen, und höre dir dabei aufmerksam zu. Welche Abers bringst du immer wieder vor? Mit welchen Gegenargumenten begegnest du deinen Freunden, die dir zu dem raten, was gut für dich wäre? Was genau jammerst du in diesen Augenblicken? Oder anders gefragt: Wer jammert da? Jammerst du vielleicht gerade über etwas, worüber auch schon deine Eltern gejammert haben? Oder jammerst du, damit dir überhaupt mal jemand zuhört? Was rätst du denn Menschen in ähnlichen Situationen?

Höre dir selbst zu! Es gibt keinen einfacheren Zugang zu tiefer Innenschau und Selbsterkenntnis!

Wenn du hörst, was du sagst, weißt du, was du denkst.

Und falls du merkst, dass du etwas anderes sagst, als du meinst, ist das optimal, um dich mal zu fragen, warum du Angst davor hast, deine wahre Meinung kundzutun.

LIEBE DEINEN FEIND!

Wie vorhin bereits angesprochen, bedeutet die Verwendung der Wörter »Feind« oder »kämpfen« nicht, dass du dem Ego Energie in Form von Auflehnung liefern sollst. Vielmehr nimmst du ihm am effektivsten den Wind aus den Segeln, wenn du es schlichtweg liebevoll annimmst. Denn dieser scheinbare »Feind« ist nichts anderes als ein Aspekt des Göttlichen. Und den Begriff »Kampf« habe ich gewählt, um die Entschlossenheit zu unterstreichen, mit der man an die Sache rangehen darf. Je freier man ist, desto weniger hat es mit Kampf zu tun. Dann wird es wirklich ein liebevolles Loslassen.

Das klingt gut, ist aber nicht immer leicht. Leichter wird es, wenn wir erkennen, dass Schatten nur dort entsteht, wo auch Licht ist. Heißt: Jedes Ego meint es auf seine Weise gut. Verstehen wir erst einmal, was es uns eigentlich Gutes tun will, wird es für uns einfacher, es zu akzeptieren. Zudem ist jedes Ego im Grunde nur eine verzerrte Form eines wahrhaft göttlichen Aspektes in uns.

Die Kleinmacherin etwa versucht ja nur, zu unserer Beliebtheit beizutragen. Sie weiß, wie weh es tun kann, abgelehnt zu werden, und gibt ihr Bestes, damit wir diese Erfahrung nicht wieder und wieder machen müssen. Unserem wahren Glück ist ihr Denken und Verhalten nicht zuträglich. Sie ist aber der festen Überzeugung, richtig und zu unserem höchsten Wohle zu handeln. Da kann man doch schon nicht mehr ganz so böse sein, nicht wahr?

Nimmt man die Verzerrung von der Kleinmacherin, dann lehrt sie uns etwas Wunderbares, nämlich Demut. Diese Demut können wir aber erst in ihrer reinen Form fühlen, wenn wir uns nicht mehr kleinmachen aus Angst, abgelehnt zu werden. Erst wenn diese Angst geheilt ist, können wir uns in unserer vollen Größe wahrhaft vor der Größe eines anderen verneigen.

Wenn du dich hingegen aus Angst vor Verletzung und Demütigung immer kleinmachst und pseudo-bescheiden auftrittst, beweist du keine Demut, sondern allenfalls mangelnden Mut, zu dir und zu deinen Talenten und Fähigkeiten zu stehen. Dadurch zwingst du das Umfeld nur dazu, dir Aufmerksamkeit zu schenken in Form von: »Doch, du bist ganz toll!« oder »Natürlich kannst du das, trau dich doch mal!« Ist es nicht Zeit, diese subtile, manipulative Form von Energieraub bei anderen abzustellen?

Meine 26 EGOS und ICH

Solltest du jetzt denken: »Ja, genau, ich kenne da eine, die ist genau so!«, dann nimm dir ein oder zwei Sekunden Zeit, und erforsche dich selbst. Denn wie gesagt: Alle diese Denk- und Verhaltensformen sind in uns. Sonst gäbe es sie nicht in unserer Wahrnehmung.

DIE ÜBERWINDUNG DES EGOS

Dieses Teilkapitel gibt dir Empfehlungen, was du an deinen Denk- und Verhaltensweisen verändern kannst, um glücklicher zu werden. Auch hier gilt wieder: Die Lektüre allein bewirkt selten eine echte Veränderung! Es liegt ganz allein an dir und in dir, was du dazu beiträgst. Doch ein Bewusstsein dafür, was ist, was sein könnte und was es dafür braucht, ist ein notwendiger und wichtiger Schritt. Dafür ist dieser Teil gedacht.

Wir sollten immer im Auge behalten, was uns dabei hilft, die Negativdenker in uns zu überwinden: Kenne deinen Gegenspieler! Akzeptiere ihn, und überwinde ihn! Dann wird der Weg frei für die Wahrnehmung der inneren Stimme, unserem Glückskompass.

Hilfreich sind auch die Anleitungen im hinteren Teil des Buches, die für alle Egos gültig sind. Vor allem die Atemtechniken führen zu innerer Ruhe und Ausgeglichenheit. Vorausgesetzt, man liest sie nicht nur, sondern wendet sie regelmäßig an.

40 Meine 26 EGOS und ICH

Auch können wir alte Denkmuster durch neue ersetzen. Zu jeder Egoart wird eine positive Affirmation empfohlen, die laut oder leise immer wiederholt wird. Falls dich die angegebene Affirmation nicht ansprechen sollte (und das eigene Gefühl hat immer Vorrang!), kannst du sie so umformulieren, dass es für dich stimmig ist.

DAS VORGEHEN BEI DER EGO-ENTMACHTUNG

1. Erkenne dein Ego!
2. Gib ihm einen Namen!
3. Stell die Charaktereigenschaften des Egos fest! Was zeichnet es aus?
4. Erforsche dein Inneres: Welche Denkmuster und Glaubenssätze liegen deinem Verhalten zugrunde?
5. Womit will dein Ego dich bedrohen, falls du nicht auf es hörst?
6. Mache dir seine guten Absichten hinter all dem Theater klar. Das macht es dir einfacher, es anzunehmen und als Teil deiner selbst zu akzeptieren. Erkenne an, welch wunderbare Fähigkeit es lehrt, wenn die Verzerrung verschwindet!
7. Überwinde dein Ego! Lerne, neu zu denken und dadurch neu zu fühlen!
8. Unterstütze dich dabei, wenn möglich, auch auf körperlicher Ebene! Denn all unsere Erfahrungen und Erlebnisse sind auch in den Körperzellen gespeichert. Dabei helfen die hinten im Buch angebenden Atemübungen.

Und nun viel Freude beim Erkennen, Durchleuchten, Durchschauen und Überwinden der ganzen Rasselbande!

Die 26 hier genannten Egos decken bei Weitem nicht die gesamte Palette ab. Sie sind 26 Spielvarianten von wohl Hunderten oder Tausenden, die man überwinden kann. Aber irgendwo beginnt nun einmal jede Reise. Und wenn man diese 26 erst einmal bei sich identifiziert und entmachtet hat, wird der Rest ganz sicher ein Kinderspiel!

26 ERSTKLASSIGE EGOS UND IHRE MACKEN

DIE DRAMAQUEEN

DER NAME DEINER DRAMAQUEEN/DEINES DRAMAKINGS

CHARAKTERISTIK

Diese Dame muss einfach die Nummer eins sein! Ihr irgendeinen anderen Rang zu geben, würde ihrer Natur einfach nicht gerecht werden. Bei mir ist sie auch die Einzige, bei der Egoart (Dramaqueen) und Egoname (Dramaqueen) identisch sind. In meinem Fall wäre jeder andere Name wohl unter ihrer Würde. Denn sie ist beinahe schon bar jeder Beschreibung, von daher verbietet sich ein ordinärer Namen schon von selbst!

Die Dramaqueen setzt sich in Szene. Sie verschafft sich Aufmerksamkeit – um jeden Preis. Sie ist der Mittelpunkt der Welt. Der Rest der Erdenbewohner darf sie anbeten, ihr zuhören, ihr Aufmerksamkeit schenken, sie bedauern, mit ihr mitleiden usw.

In Künstlerkreisen häufig sehr ausgeprägt, macht die Dramaqueen letztlich aber vor keinem Halt. Diejenigen, die sie unterdrücken, ver-

Meine 26 EGOS und ICH **45**

abscheuen meist die Menschen, die sie offen agieren lassen. Doch so sehr du Dramaqueens vielleicht auch verachten magst: Tief, tief in dir wohnt auch so eine »Ich wäre so gern mal der Mittelpunkt!«-Fanatikerin. Wahr ist: Je mehr du das bei anderen ablehnst, desto stärker ist der Wunsch deiner unterdrückten Dramaqueen, endlich mal selbst die Puppen tanzen zu lassen!

UND WAS ZEICHNET DEINE DRAMAQUEEN AUS?

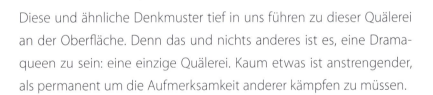

IHRE EXISTENZGRUNDLAGE
»Keiner sieht mich!«
»Ich bin unscheinbar, zu wenig beachtet.«
»So, wie ich bin, genüge ich nicht.«

Diese und ähnliche Denkmuster tief in uns führen zu dieser Quälerei an der Oberfläche. Denn das und nichts anderes ist es, eine Dramaqueen zu sein: eine einzige Quälerei. Kaum etwas ist anstrengender, als permanent um die Aufmerksamkeit anderer kämpfen zu müssen.

Ein Mensch, der das Gefühl hat, von den anderen genügend Aufmerksamkeit zu bekommen, wird nicht rücksichtslos alles in Bewegung setzen, um genau diese Aufmerksamkeit zu erreichen. Da die Ursprünge dieses Verhaltens aber tief wurzeln, läuft das Rollenspiel der Dramaqueen oftmals sehr viel raffinierter ab. Nicht jede Dramaqueen gibt sich dem eigenen Bewusstsein als solche zu erkennen.

Was bedeutet das?

Nun, es gibt Dramaqueens, die sich dessen bewusst sind, dass sie gern im Mittelpunkt stehen wollen. Mit denen hat man es als Außenstehender oft leichter. Denn jeder weiß es, und man kann sich nun einfach dafür entscheiden, dem anderen getrost die Show zu überlassen (vorausgesetzt, man leidet selbst nicht unter der Annahme, zu wenig Beachtung zu bekommen).

Dann gibt es aber die Dramaqueens, die keine Ahnung davon haben, was sie da treiben. Ich weiß genau, wovon ich rede. So eine hatte ich selbst drei Jahrzehnte lang im Oberstübchen! Es dauerte in meinem Fall ebenso lang, bis ich mir dessen bewusst wurde. (Vermeintlich) ohne es puschen zu müssen, stand ich sehr oft im Zentrum der Aufmerksamkeit, sei es beim Theaterspielen, als Schülersprecherin oder bei ähnlichen Tätigkeiten. Tatsächlich kam ich an einen Punkt, an dem ich begann, es sehr zu genießen, endlich mal nicht im Zentrum der Aufmerksamkeit zu stehen. So war es mir ein Rätsel, warum es trotzdem immer wieder passierte, obwohl ich es (mit meinem Bewusstsein) gar nicht wollte. Eigentlich (!) wollte ich nur in der vierten Reihe links im Parkett sitzen. Dann »passierte« aber etwas, und ich stand wieder vorne auf der Bühne.

Meine 26 EGOS und ICH

Natürlich dachte ich immer, dafür könne ich nichts. Damals hatte ich auch noch nichts davon gehört, dass wir uns unsere Realität selbst erschaffen. Tief in mir hatte ich ein kleines Mädchen wohnen, das sich nach Aufmerksamkeit verzehrte. »Schau mich an!«, rief es ohne Unterlass. »Übersieh mich nicht!«

Das anschaulichste Beispiel für den Auftritt einer Dramaqueen lieferte ich mir nicht einmal selbst, sondern eine Frau, die ich in Indien traf. Sehr schnell war klar, dass sie sich mit ihrem inneren Kind noch nie wirklich (oder zumindest nachhaltig) beschäftigt hatte. Sie fühlte sich zutiefst missverstanden und hatte die letzten 20 Jahre damit verbracht, sich zur Selfmademillionärin hochzuarbeiten. Immerhin hatte ihr Minderwertigkeitsgefühl sie zu Höchstleistungen angetrieben. So profitierte sie davon, indem sie sich mit 40 Jahren zur Ruhe setzen konnte. Doch das innere Kind war damit längst nicht zufrieden. Sozialer Status, ein gut gefülltes Bankkonto, ein Leben in der First Class reichten nicht aus. Immer wieder heizte das vernachlässigte kleine Mädchen die Dramaqueen an, auf den Plan zu treten. Du siehst, das Ego kann also auch als Handlanger unserer inneren, tiefen und unbewussten Verletzungen agieren!

Als ich die Frau kennenlernte, wollte sie an einem Yogalehrerkurs teilnehmen. Infolgedessen wohnte sie, sehr bescheiden untergebracht, in einem Ashram. So weit, so gut. Schnell aber fühlte sie sich als »eine von vielen« im Kurs unwohl. Sie begann, die regulären Kurse auszulassen, und wollte an Kursen teilnehmen, in denen nicht 20, sondern nur sechs oder sieben Leute waren. Später schaffte sie es sogar, Einzelunterricht zu bekommen. Was für eine Erleichterung! Denn eine von vielen zu sein, das ging ja mal gar nicht. Noch war es der Dramaqueen (bzw. dem vernachlässigten Mädchen in ihr) zu viel Action um sie herum. Die Aufmerksamkeit der Kurs- und Ashramleiter richtete sich noch zu sehr auf die anderen Teilnehmer. Jetzt wurde sie krank. Und zwar so heftig, dass sie ins Krankenhaus musste. Einer der wichtigsten Mitarbeiter im Ashram wurde exklusiv für sie abgeordnet, um sie zu begleiten und um bei ihr zu übernachten. Man konnte schließlich einen Gast aus dem Ausland nicht allein in einem indischen Krankenhaus lassen. (Warum eigentlich nicht?) Doch das war dem Mädchen, das in bescheidenen Verhältnissen und mit einer sie vernachlässigenden und trinkenden Mutter aufgewachsen war, immer noch nicht genug. In einem Krankenzimmer voller Besucher ruhte sie sich nicht etwa aus (wie die Ärzte es verlangten), sondern sie wollte nonstop unterhalten werden. So forderte sie mich schließlich auf, ihr etwas vorzusingen. Sie kannte meine Gesänge aus den Meditationskursen, die ich im Ashram gab, und wollte jetzt gern eine Privatvorstellung für ihre Genesung. Ich willigte nicht ein. Ich lehnte es ab, mich von ihrer Dramaqueen einspannen zu lassen. Auch nach dreimaliger Aufforderung sang ich nicht vor ihr und den fünf anderen Anwesenden. Also wandte sie sich bockig an den anwesenden Swami, um eine Gesangseinlage von ihm

Meine 26 EGOS und ICH

zu erhalten. Der hatte offenkundig auch keine große Lust, traute sich aber nicht, Nein zu sagen. So bekam sie, was sie wollte. Einen extra für sie singenden Swami.

Genug für heute? Nein. Nachdem gesungen worden war (Eine echt skurrile Szene in einem indischen Krankenhaus!), wurde es also wieder ruhig im Zimmer. Schwupps, ließ sich die Dramaqueen wieder etwas Neues einfallen. (Alles geschah, ich betone es noch mal, unbewusst!) Die Frau stand auf, um auf die Toilette zu gehen, und riss sich dabei die Infusionskanüle aus dem Handrücken, sodass mit einem Mal ihr Blut über den ganzen Boden spritzte. Dabei sank sie entsetzt in meine Arme und stöhnte auf: »Oh Gott, wie viel muss ich noch aushalten?« So mobilisierte sie alle im Zimmer Anwesenden sowie den Arzt und zwei Schwestern, die geholt wurden. Diese zehn Leute hatten also nur eins zu tun: ihre Energie auf die Frau zu lenken. Damit hatte sie bzw. ihr Inneres Kind seinen Willen bekommen.

Während ich das aufschreibe, muss ich wirklich einmal mehr lachen. Herzlich lachen. Ich lache nicht über diese Frau, sondern über die Situationskomik. Und erinnere mich daran, wie ich in meiner Vergangenheit stets unbewusst solche kleinen und großen Dramen konstruiert hatte. Gut, dass die Frau im Krankenhaus sich dann auch immer wieder über die Anordnungen der Ärzte hinwegsetzte und Sachen aß, die sie nicht essen durfte, nur damit sie später jammern konnte, dass es ihr wieder viel schlechter gehe. Das war dann sogar den Geduldigsten irgendwann zu viel. Aber ich erkannte als Beobachterin dieses Spektakels, dass dieser Anteil auch in mir war und ich ihn viele Jahre lang hatte schalten und walten lassen in meinem Leben.

Noch einmal: Kein Mensch verhält sich absichtlich so! Der Grund für solche oscarverdächtigen Dramen sind tief wurzelnde Verletzungen. Angst, übersehen zu werden. Angst, vernachlässigt zu werden. Und wenn man noch tiefer geht: Angst, deswegen sterben zu müssen.

Ich empfehle in diesem Zusammenhang dringend, sich mit dem Thema »Inneres Kind« auseinanderzusetzen. Schirner-Autorin Susanne Hühn etwa hat Interessantes und Hilfreiches zu diesem Thema publiziert. Auch in deiner Umgebung wirst du Kurse zu diesem Thema finden. Die Auseinandersetzung mit dem Inneren Kind ist so populär wie zielführend, wenn es darum geht, die eigenen Egos zu überwinden. Denn oftmals sind es diese verletzten Kinder, die unseren Egos als Nährboden und Kommandogeber dienen.

Welche unangenehmen Gefühle steigen in dir auf bei der Vorstellung, dass dich niemand mehr beachtet? Sich niemand auf der Welt für dich interessiert?

BESCHREIBE SIE SO GENAU WIE MÖGLICH!

DAS ENDE DER DRAMAQUEEN

Holt man diesen Anteil vom Unterbewusstsein ins Bewusstsein und erklärt man der Dramaqueen, dass das Ende ihrer Herrschaft gekommen ist, so geht es oftmals hoch her! Denn was wäre ein Showdown mit ihr ohne Dramatik?

Folgende oder ähnliche Sätze wird sie dir an den Kopf werfen. Nimm dir einen Moment Zeit, um sie auf dich wirken zu lassen, und erforsche dann deine eigenen Ängste und Befürchtungen! Stell dir vor, was im schlimmsten Fall passieren würde, wenn du dein Verhalten verändern würdest. Und erinnere dich daran: Sie benutzt das Wort »ich« und gibt dir damit das Gefühl, dass du selbst so denken würdest.

»Wenn ich aufhöre, so zu sein, wird mich niemand mehr beachten! Keiner kümmert sich mehr um mich, keiner meldet sich bei mir. Ich werde in Vergessenheit geraten. Ich werde sterben! Grausam, langsam, ohne Gnade! Außerdem wird kein Mensch an mein Grab kommen, um mich zu betrauern! Wer interessiert sich schon für langweilige Duckmäuser? Unscheinbare Püppchen? Niemand. Absolut niemand!«

Genau das sind letztlich die Ängste, die hinter diesem Verhalten stecken.

Mein Worst-Case-Szenario

WAS WÜRDE ANGEBLICH PASSIEREN, WENN SICH NIEMAND AUF DER WELT MEHR FÜR DICH INTERESSIEREN WÜRDE?

WAS ICH VON MEINER DRAMAQUEEN HABE (AUSSER DRAMA)

Sie lehrt dich die Extreme der Gefühlswelt.
Allerdings ist hier die Welt der gedachten Gefühle gemeint, nicht die der wahren.
Auch wird dir dank der Dramaqueen selten langweilig. Mit ihr ist immer was los! Das wiederum hat den Vorteil, dass man selten nach innen schauen muss. Dorthin, wo das verletzte kleine Kind sitzt, das die Marionettenfäden in der Hand hält. Diese Vermeidungshaltung kann man

so lange beibehalten, bis es nicht mehr genug Spektakel im Außen gibt. Dann können wir unser Inneres Kind nicht mehr ignorieren. Allerdings ist die Verdrängung unseres verletzten Inneren Kindes nicht zielführend im Sinne von heilsam, im Sinne von: wirklich glücklich machend.

ECHTE VARIANTE DER DRAMAQUEEN

Fällt die Verzerrung weg, bleibt Folgendes stehen:

In Wahrheit gibt es nur mich. Ich stehe im Mittelpunkt meines Lebens. Denn ich bin die Dramaqueen und das Publikum zugleich.

WIE DU DIE DRAMAQUEEN ÜBERWINDEST

Lerne, dich selbst anzuerkennen für das, was du bist!
»So, wie ich bin, genüge ich mir selbst und auch anderen.«

Entwickle eine Akzeptanz dafür, eine/-r von vielen auf unserer Welt zu sein. So, wie du bist, stärkst du die Gemeinschaft, deren Teil du bist. Und damit letztlich auch dich selbst.
Erkenne, dass ein Teil eines Ganzen nicht weniger wertvoll ist als das Ganze selbst!

Affirmation:

»Ich schenke mir selbst die Aufmerksamkeit,
                       nach der ich mich sehne.«

MEINE SELBST FORMULIERTE, STÄRKENDE AFFIRMATION

DER DRAMENREGISSEUR

Die Dramaqueen ist durchschaut, und es herrscht Frieden im Oberstübchen. Endlich! Keine anstrengenden Auftritte mehr, die mich und andere einfach nur Energie kosten! Wunderbar!

So saß ich in einer Meditation, genoss meinen Frieden, bis … ja, bis ich auf einmal merkte, dass sich in meinem Kopf schon wieder ein Drama anbahnte. Jedenfalls fand ich mich, ehe ich mich versah, in einer blumig ausgemalten Geschichte wieder. Ich zeichne sie hier für dich nach, damit du verstehst, was ich meine:

Ich gehe abends durch die fast leeren Straßen. Mit einem Mal sehe ich, wie ein Mann eine Frau bedroht. Ich bekomme selbst Angst, doch fasse mir mutig ein Herz und greife ein. Ergebnis: Frau gerettet, Mann verschwunden. Die Frau weint vor Dankbarkeit in meinen Armen (aha), schluchzt ergreifend (aha), ich wehre bescheiden ab (aha). Doch sie lässt sich nicht davon abbringen, mir ihre Dankbarkeit zu erweisen (aha, aha).
Am nächsten Tag liegt die Tageszeitung auf meinem Fußabstreifer. (Ich habe nicht mal ein Abo.) Die Titelstory ist meine Rettung der Frau, sogar mit Foto. (Wer soll das denn geschossen haben???) Die Presse steht vor der Tür. (Woher wissen die, wo ich wohne? Das weiß nicht

Meine 26 EGOS und ICH **57**

mal die Frau!) Interviews folgen, in denen ich immer verlegen bin, weil es ja total selbstverständlich ist, zu helfen. (Stimmt schon, aber diese Megabescheidenheit ist dann doch etwas zu dick aufgetragen.) Letztlich bekomme ich eine Einladung zu »Menschen des Jahres« bei »Stern TV«. Es braust Applaus auf. Ich winke wieder bescheiden ab (trallala).

Diese Geschichte ist ein konstruiertes Beispiel. Aber in etwa diesem Stil laufen sie ab. In der Praxis würde das bedeuten, dass die Dramaqueen sich einmal mehr eine Situation erschaffen hat (in diesem Fall: die Bedrohung der Frau), nur damit sie einmal mehr als Heldin agieren kann. Das aber war nicht die Praxis, das war Kopfkino. Somit ein Vorstadium zum eigentlichen Drama. Aber das läuft alles vor meinem inneren Auge ab, während ich äußerlich ruhig auf meinem Kissen sitze und selbst den Kopf schüttle über diese entsetzlich schleimige Story.

Ein klassischer Auftritt meines Dramenregisseurs!

Wobei ich ihn fast zu sehr reduziere, da er ja darüber hinaus sogar das Drehbuch selbst schreibt. Er ist quasi der Vorarbeiter, Zuarbeiter und Leiter aller Dramaqueen-Einsätze. Ohne Drehbuch und Regie gibt es auch keine Starauftritte. Für mich war es interessant zu beobachten, wie dieser Film in meinem Kopf abläuft, während ich völlig ruhig zusehe und selbst den Kopf schüttle. Glücklicherweise war ich zu diesem Zeitpunkt schon so weit, eine klare Distanz zu meinem Denken einnehmen zu können. Ich kenne Filme dieser Art. Früher habe ich sie mir sogar bewusst vorgestellt. Eine hervorragende Grundlage, um an der schlechten Welt leiden zu können, die ja gar keine Ahnung hat, wie wunderbar ich bin! Ja, ja, schlecht ist die Welt … solange man das denkt.

Erst, als ich die Dramaqueen entlarvt und entmachtet hatte, entdeckte ich in mir den Strippenzieher hinter ihr. Der Dramenregisseur ist eindeutig der Meinung, dass ich zu wenig Aufmerksamkeit bekomme, und erschafft deshalb in meinem Geist Szenarios, in denen genau das ausgebügelt wird. Er malt sich die tollsten Geschichten aus, damit ich endlich zu Ruhm und Anerkennung komme – die mir natürlich uneingeschränkt gebühren. Seiner Ansicht nach bin ich der verkannte Engel, und die Welt um mich herum besteht aus blinden Ignoranten, die mich nicht wertschätzen.
Wenn da mal nicht wieder ein verletztes Inneres Kind dahintersteckt!

Letztlich verschafft mir der Gute nur mehr Leid, weil er mir eine Welt vorgaukelt, die mit meiner bewussten Wahrnehmung wenig gemein hat. Illusion und das, was ich als Realität erlebe, klaffen doch weit auseinander. So leide ich am Ende nur noch mehr an der Welt, die nicht so ist, wie sie mir gefallen würde.

DER NAME DEINES DRAMENREGISSEURS/
DEINER DRAMENREGISSEURIN

CHARAKTERISTIK

Der Dramenregisseur fühlt sich in der Schalt- und Waltzentrale der kreativen Abteilung in unserem Kopf als Boss. Das normale Leben ist viel zu langweilig, darum lässt er sich wahnwitzige Geschichten einfallen. Er ist Zu- und Vorarbeiter der Dramaqueen. Wird sie zu wenig ausgelebt, tobt er sich umso mehr im Kopf aus.

Der verletzte Anteil in uns, der der Meinung ist, dass wir viel zu wenig Aufmerksamkeit und Wertschätzung bekommen, jubelt ihm zu. Denn dank ihm dürfen wir uns wenigstens in unseren Träumen einmal hochleben lassen und berühmt sein. Dafür wirkt dann das »normale Leben« wieder umso grausamer.

In jedem Fall ist er kreativ und fantasievoll, das muss man ihm lassen!

 UND WAS ZEICHNET DEINEN DRAMENREGISSEUR AUS?

SEINE EXISTENZGRUNDLAGE

»Normal geht gar nicht!«
»Ich bekomme zu wenig Aufmerksamkeit!«
»So, wie ich bin, genüge ich nicht, um positive Wertschätzung zu erfahren.«

»Normal« bedeutet in seiner Welt: unbeachtet, durchschnittlich, nicht wertvoll und nicht liebenswert genug.

Auch kann er sehr gut auf dem gedanklichen Nährboden von Spielfilmkonsumenten siedeln. Je mehr Hollywoodfilme wir in unserem

Leben konsumiert haben (oder Bollywood), desto leichter fällt dem Dramenregisseur seine Arbeit. Denn der Konsum von Filmen erzeugt in uns mehr oder minder bewusst eine tiefe Sehnsucht nach »so einem Leben«. Das ist für den einen die Sehnsucht nach der großen Liebe und für den anderen die nach Abenteuer, Action und Heldenstatus. Jeder von uns hat eben so seine unerfüllten Träume. Und der Dramenregisseur ist mehr als bereit dazu, für uns diese Lücken zu füllen.

In welchen Situationen fühlst du dich zu wenig beachtet? Wer erkennt nicht, was wirklich in dir steckt? Was müsste deiner Meinung nach geschehen, damit die Welt endlich begreift, wer du wirklich bist?

BESCHREIBE SO GENAU UND EHRLICH WIE MÖGLICH!

DAS ENDE DES DRAMENREGISSEURS

Sagt man dem Dramenregisseur nun, dass das Ende seiner Inszenierungen gekommen ist, dann lässt er sich einiges einfallen, um das zu verhindern! Denn was wäre ein Leben ohne ihn?

Diese oder ähnliche Sätze wird er dir als Wahrheit verkaufen wollen. Nimm dir einen Moment Zeit, um sie auf dich wirken zu lassen, und erforsche dann deine eigenen Ängste und Befürchtungen! Stell dir vor, was im schlimmsten Fall passieren würde, wenn du deine Hollywood-Träume loslassen würdest!

»Wenn ich aufhöre, so zu sein, wird mein Leben öde und fade! Mein Leben wird einfach so dahinplätschern, und es gibt keine Höhepunkte mehr. Ich werde in Stumpfsinn und Langeweile verkommen! Außerdem, sind wir doch mal ehrlich – wer interessiert sich denn schon für mich? So, wie ich mein Leben gestalte, wird das nie etwas mit meinem Erfolg. Ja, ja, rumsitzen und das Leben an mir vorüberziehen lassen, das kann ich! Und wie sieht's in meinem Leben aus? Na? Ätzend! So kann ich wenigstens träumen und im Kopf Ruhm und Ehre ernten. Andernfalls hätte ich keine Fantasie mehr. Ich würde in Stumpfsinn und Monotonie verenden. Elendig. Allein!«

Klingt nicht so schön, nicht wahr? Darum lassen wir uns ja auch immer wieder von diesen Ängsten beeinflussen.

Also nimm dir einen Moment Zeit, um zu reflektieren.

Mein Worst-Case-Szenario

WAS WÜRDE ANGEBLICH ALLES PASSIEREN, WENN DU AUFHÖREN WÜRDEST, VON EINEM LEBEN ZU TRÄUMEN, DAS DU TIEF IN DIR SOGAR SELBST FÜR UNREALISTISCH HÄLTST?

Diese deutlichen Worte heißen nicht, dass ich prinzipiell alles für unmöglich halte. Im Gegenteil. Ich glaube, dass wir alle viel mehr erreichen können, als wir uns vielleicht sogar vorstellen können! Doch solange ich diesen Schmerz in mir trage, diesen Schmerz, dass keiner sieht, wer ich bin und was ich kann, erzeuge ich immer mehr Schmerz. Erst einmal muss der Egoanteil, der Dramenregisseur, gehen, bevor mein echtes Lebens, das ohne Leid und Kummer, beginnen kann.

Und auch der Dramenregisseur ist ja für einiges gut.

WAS ICH VOM DRAMENREGISSEUR HABE

Mal ehrlich: Er macht das Leben ja schon ein wenig bunter. Dank ihm gibt es wenigstens im Kopf mal Action und Abwechslung. Da Gedanken der Ursprung von Worten und Taten sind, kann er uns auch dazu anregen, mal aus dem gewohnten Alltagstrott auszubrechen.
Was wäre die Welt schon ohne gutes Drehbuch und gute Regie?
Zudem ist er sehr fantasievoll. Seine Kreativität können wir hervorragend für uns nutzen. Und zwar dann, wenn wir die Macht über ihn haben und nicht mehr umgekehrt.

ECHTE VARIANTE DES DRAMENREGISSEURS

Fällt die Verzerrung weg, bleibt Folgendes stehen:

Der Schöpfer. Ich kreiere mein Leben selbst.

WIE DU DEN DRAMENREGISSEUR ÜBERWINDEST

Erkenne, dass das Leben ohnehin genug bietet!

Wie? Entdecke die Spannung und die Schönheit in allem! Die Betrachtung der Natur erfüllt dich so sehr, dass dieser Hollywoodmeister keinen Halt mehr finden wird.

Verbringe so viel Zeit wie nur möglich draußen, und erlebe deine Umgebung immer wieder neu. Schau dir mal einen kleinen Ausschnitt der Natur ein paar Minuten lang an. Wie viele Grünschattierungen hat ein Blatt? Welches Muster? Bedenke, dass auch all die vermeintlich kleinen Wunder des Lebens irgendwann von jemandem erdacht wurden.

Wichtig ist auch, dass du dir deinen Schmerz eingestehst. Welcher Anteil in dir möchte gern (mehr) gesehen werden? Mehr gelobt? Mehr gewürdigt? Welche Menschen sehen nicht, was du wirklich drauf hast? Manchmal kreiert der Dramenregisseur auch Szenarios, in denen andere für ihr Verhalten dir gegenüber gedemütigt oder bestraft werden. Schau dir diese Träume und Sehnsüchte einmal an, und mach dir klar: Sie haben nichts mit diesen Menschen zu tun! Wenn du selbst von dir überzeugt wärst und das Gefühl hättest, anerkannt und geliebt zu sein, hätte dein Dramenregisseur keinen Nährboden mehr!

Eines solltest du bitte in jedem Fall unterlassen: Fang nicht an, dich wegen solcher Kopfkinogeschichten schlecht zu fühlen. Schamgefühle bringen niemandem etwas, sie schaden dir letztlich nur wieder selbst.

Affirmation:

»Ich ehre und achte mich selbst,
  hier und jetzt und immer.«

MEINE SELBST FORMULIERTE, STÄRKENDE AFFIRMATION

DER GRÖSSENWAHNSINNIGE

Kennst du das? Bist auch du der Überzeugung, ein unerkanntes, großes Talent zu haben? Ein verkanntes Genie zu sein? Hast du vielleicht sogar Entdeckungen gemacht, die von essenzieller Bedeutung sind, von denen aber bisher keiner Kenntnis genommen hat? Du hast Taten vollbracht, für die man dich eigentlich hochleben lassen sollte?

Dann kann es sein, dass du unter Größenwahn leidest. Oder anders formuliert: Du leidest, weil du ein größenwahnsinniges Ego hast.

Steckt nicht in jedem von uns ein Fünkchen Größenwahn? Sind wir nicht alle ein bisschen Cäsar oder Muhammed Ali?

DER NAME DEINES GRÖSSENWAHNSINNIGEN/
DEINER GRÖSSENWAHNSINNIGEN

CHARAKTERISTIK

»Ich kann alles!«

Der Größenwahnsinnige ist das glatte Gegenteil von dem Ego »Kann-nix«.

Der Größenwahnsinnige überschätzt sich maßlos, ohne es nur ansatzweise für Überschätzung zu halten. Im Prinzip wäre er der ideale Anführer. Denkt er. Nichts ist unmöglich. Das ist so weit in Ordnung. Doch neigt er dazu, andere dabei zu übergehen, niederzumachen, schlechtzureden und nur seine eigenen Höhenflüge zuzulassen. Nach ihm die Sintflut.

Wir alle neigen mal dazu, uns zu überschätzen. Oftmals hat dann der Größenwahnsinnige seine Finger mit im Spiel. Er ist nicht zu verwechseln mit Selbstbewusstsein. Selbstbewusstsein bedeutet, dass ich mir darüber im Klaren bin, welche Talente ich habe, was ich gut kann, und dass ich dies gegebenenfalls auch kommunizieren kann. Ist es aber nicht interessant, dass in unserer Gesellschaft Selbstbewusstsein immer mit dem Vorwurf einhergeht, arrogant oder eben auch größenwahnsinnig zu sein? Wer sich mit diesen Vorwürfen konfrontiert sieht, kann sie gelassen hinnehmen. Vorwürfe sagen immer etwas über den aus, der sie macht – weniger über den, den sie angeblich betreffen.

Insofern muss ich mich selbst genau beobachten und hinhören, wer mir da gewisse Gedanken einflüstert. Bin ich mir einfach dessen bewusst, was ich kann? Oder erzählt in mir jemand mit überdurchschnittlich ausgeprägtem Geltungsbewusstsein, dass ich viel mehr wäre, als ich zu sein scheine? Denn die Wahrheit ist: Wie sollte ich denn jemand anderes sein als der, der ich bin?

WAS ZEICHNET DEINEN GRÖSSENWAHNSINNIGEN AUS?

SEINE EXISTENZGRUNDLAGE

Er ist einfach ein Genie!«

Sehr früh schon wurde der Größenwahnsinnige wieder und wieder damit konfrontiert, dass er einfach ein Ausnahmetalent sei. Kein Kind so klug, keines so begabt. Alles Deppen außer diesem Spross? Dazu kommt, dass ein Nicht-Alleskönner zu sein automatisch bedeutet, ein Versager zu sein. Unbedeutend. Von der Welt keine Achtung verdienend. Diese Achtung braucht der Größenwahnsinnige aber so dringend wie die Luft zum Atmen und verachtet gleichzeitig alle, die an ihn nicht herankommen.

Dieses Ego kann auch ein Nährboden für einen verborgenen Machtanspruch sein.

»Nur wer Macht über andere besitzt, ist wertvoll/wichtig, verdient Respekt.«

Dabei wird hier Macht oftmals mit Manipulation verwechselt. Es ist an sich nicht schlimm, mächtig zu sein. Warum sollte man Macht immer in den Dreck ziehen? Vielmehr ist es ein Missverständnis, eine verkehr-

Meine 26 EGOS und ICH **69**

te Definition von Macht, die hier zu Problemen führt. Größenwahnsinnige Egos nutzen häufig Manipulation, um andere dorthin zu bringen, wo sie sie haben wollen. Das hat nichts mit wahrer Führung zu tun. Ein echter Anführer inspiriert die Menschen durch sein Tun, er motiviert sie. Der Größenwahnsinnige hingegen geht taktisch-manipulativ vor. Er manipuliert andere deshalb, weil er tief in sich daran zweifelt, die Leute durch sein reines Sein und Tun mitreißen zu können.

»So, wie ich bin, kann ich niemanden von mir und meinen Talenten überzeugen.«
Also wird er zu einem Großmaul, das durch Worte und/oder Taten verführt.

In welchen Situationen glaubst du, Menschen einfach so, wie du bist, nicht überzeugen zu können, und überlegst dir daher Strategien? Oder wann flüstert dir eine Stimme ein, dass du absolut verkannt bist? Dass niemand dich wahrhaftig wertschätzt?

BESCHREIBE SIE SO GENAU UND EHRLICH WIE MÖGLICH!

DAS ENDE DES GRÖSSENWAHNSINNINGEN

»Die Welt und die Macht gehören mir! Keiner ist so gut wie ich!«

Dieses Ego muss sich nicht auf alles und jeden in meinem Leben beziehen. Es kann sein, dass es nur eine ganz spezielle Sache betrifft. Und sei es, dass es mich immer noch verletzt, wenn ich für mein Blockflötenspiel nicht den Applaus bekomme, den ich meiner Meinung nach verdiene. Gern zieht sich der Größenwahnsinnige dann mit einer Schnute zurück. Oder wird schrecklich böse. Seine Reaktionen können variieren und hängen von seinen erlernten Strategien ab. Auch die sollen wieder manipulativ wirken. Denn »mein« Ziel ist es ja, endlich die verdiente Macht und damit Anerkennung zu kriegen!

Insofern wundert es nicht, dass auch der Größenwahnsinnige ein wenig am Rad dreht, wenn man ihm klar macht, dass seine Zeit nun vorbei ist. Seine Reaktion könnte beispielsweise so lauten:

»Wenn ich mich ändere, werde ich genau so ein Loser und Durchschnittsheini sein wie alle anderen! Will ich das? Ehrlich: Nein! Ich bin nun mal der Klügste, Schnellste, Beste, also stehe ich auch dazu! Mir gehört die Welt, und die anderen sind da, um mir zu dienen. Stein schlägt Schere, alte Weisheit. Und als Kaiser lebt es sich allemal besser als als einfacher Mann!«

Meine 26 EGOS und ICH **71**

Also setz dich in einem ruhigen Moment hin, und spür in dich hinein. Finde heraus, was passieren würde, wenn du damit aufhören würdest, nach Ruhm und Anerkennung durch andere zu streben.

Mein Worst-Case-Szenario
Was würde angeblich alles passieren, wenn du aufhören würdest, andere zu manipulieren? Wenn du dir eingestehen würdest, eine/-r von vielen auf dieser Welt zu sein?

WENN DU AKZEPTIERST, DASS DU ZWAR MANCHE DINGE SEHR GUT KANNST, WOHL MINDESTENS EINS DAVON BESSER ALS JEDER ANDERE, DASS DICH DAS ABER NICHT BESONDERS MACHT, WEIL JEDER MENSCH EINE GABE HAT?

Doch auch hier gilt wieder: Kein Ego ist so größenwahnsinnig, dass wir nicht auch etwas von ihm lernen oder es mögen könnten.

WAS ICH VOM GRÖSSENWAHNSINNIGEN HABE

Manchmal braucht es einen Ausflug in die Extreme, um ins Gleichgewicht zu kommen. Für Menschen, die sich ständig als zu wenig wertvoll erachten, kann es schon mal guttun, den Größenwahnsinnigen sprechen zu lassen. Ein Leben in Balance und ein gesundes Selbstbewusstsein sind das Ziel.

Auch hat der Größenwahnsinnige im Kern gar nicht so unrecht. Denn tatsächlich können wir ja alles. Wir wissen alles. Wir sind vollkommen. In uns. Allerdings gibt es da einen Unterschied zwischen der Anerkennung unseres wahren Selbst und dem Größenwahnsinnigen. Unser wahres Selbst muss es nicht in die Welt hinausposaunen. Denn wir fühlen uns in Wahrheit nicht verachtet oder gering geschätzt, wenn uns keine Lorbeeren winken.

Ein wenig König/Königin sein kann ja auch Spaß machen. Warum würden Kinder auch sonst so gern Prinzen und Prinzessinnen spielen? Dank des Größenwahnsinnigen kannst du dich immer wieder wie der/die Größte fühlen. Solange du dich dabei selbst mit einer Prise Humor betrachten kannst, ist doch alles gut.

ECHTE VARIANTE DES GRÖSSENWAHNSINNIGEN

Fällt die Verzerrung weg, bleibt Folgendes stehen:

Ich bin der Schöpfer aller Dinge, die mich umgeben. Was auch immer in meinem Leben geschieht, entspringt meiner Vorstellungskraft.

WIE DU DEN GRÖSSENWAHNSINNIGEN ÜBERWINDEST

Ein wenig mehr realistisches Denken in Bezug auf die eigenen Fähigkeiten wäre heilsam. Also bitte einmal deine Freunde, deine Schwachstellen anonym aufzuschreiben. Lies das in einer ruhigen Stunde durch, und mache dir klar: Ihre Sicht auf mich zeigt mir, wie sie mich wahrnehmen. Und die kann sehr von dem abweichen, wie man sich selbst sieht. Lass das ruhig einmal zu. Tief atmen und akzeptieren.

Mach dir auch bewusst, warum es dir so unglaublich wichtig ist, dass die anderen endlich anerkennen, wie toll du bist. Warum sollen sie applaudieren? Warum ist es höchste Eisenbahn, endlich über den roten Teppich laufen zu können? Warum ist es für dich so erstrebenswert, in den Himmel gelobt zu werden? Sei grundehrlich zu dir, und schau dir deine Selbstzweifel an. Warum reicht es dir nicht, dass du bist, wer du bist?

Affirmation:

»Ich ehre und achte mich selbst so, wie ich bin.
Hier und jetzt und immer.«

MEINE SELBST FORMULIERTE, STÄRKENDE AFFIRMATION

Die KLEINMACHERIN

Nicht zu verwechseln mit dem Kann-nix-Ego.
Während das Kann-nix dir wahrhaft weismachen will, dass man nichts könne und nichts draufhabe, versucht diese Flüsterdame gern, dir einen Hauch (oder Schwall) falscher Bescheidenheit einzureden. Getreu dem Motto: »Mach dich kleiner, als du bist, und du wirst geliebt!«

DER NAME DEINES KLEINMACHERS/
DEINER KLEINMACHERIN

CHARAKTERISTIK
»Ich bin ja nicht so wichtig.«
»Andere können das viel besser.«
»Bloß keine großen Töne spucken!«

Die Kleinmacherin erzählt dir den ganzen liebenlangen Tag, warum du nicht wichtig, wertvoll, attraktiv oder nicht intelligent bist. Ja, so ein bisschen trifft das vielleicht doch zu. Aber es reicht nicht aus. Egal, wie viel du in deinem Leben leistest: Es ist unbedeutend. Es zählt nicht so richtig. »Na ja, so toll ist das jetzt auch nicht«, sagt sie gern, wenn jemand sie lobt. »Das können andere noch viel besser.« Das erzählt sie dir auf der ersten Ebene. Dann gibt es aber noch eine darunter. Auf der zweiten

Ebene hast du sehr wohl ein gewisses Selbstbewusstsein. Du weißt tief in dir, dass du zumindest nicht unwichtig bist. Deine Kinder brauchen dich ja. Oder im Büro kann die Abrechnung keiner so zügig und dabei fehlerfrei machen. Im Verein bekommst du Lob für deine sportlichen Leistungen. Du siehst, dass andere dein Potenzial sehen und anerkennen. Nur würdest du das nie zugeben. Denn die Kleinmacherin tut alles, damit du nicht zu dir und zu deinen Fähigkeiten stehen kannst. Im Grunde also ist sie ein wirklich trickreiches Ego.

Streng genommen treibt uns die Kleinmacherin dazu, ständig zu heucheln, dass wir ein/e Kann-nix wären. Obwohl wir es im Grunde besser wissen.

WAS ZEICHNET DEINE KLEINMACHERIN AUS ?

IHRE EXISTENZGRUNDLAGE

Minderwert ist das eine. Das kann tatsächlich ein Bestandteil der Kleinmacherin sein. Aber wie gesagt: Eine Ebene tiefer sieht es da oftmals anders aus.

Die andere, viel wichtigere Grundlage der Kleinmacherin ist falsche Bescheidenheit. Irgendwann hat sie gelernt, dass bescheidene, kleinlaute Menschen beliebter sind als die, die sagen, was sie können. Das wären dann nämlich Angeber – und die mag niemand. Zumindest nach ihrem Weltbild nicht. In ihrem Drang, geliebt und verstanden zu werden, erniedrigt sie sich immer wieder aufs Neue. Es mangelt an Liebe und Selbstrespekt an allen Ecken.

Ein gutes Beispiel für die Kleinmacherin in Aktion ist eine ehemalige Kollegin von mir. Sie war begabt, beliebt, attraktiv und ein richtiger Sonnenschein! Auch bekam sie das sehr oft zu hören. Nach einem abgeschlossenen Projekt sagte ich ihr, dass keiner das so gut hinbekommen hätte wie sie. Mit ihrer Art käme sie einfach großartig bei den Menschen an, und das wäre dem Projekt sehr zuträglich gewesen. »Ach nein, das stimmt doch nicht. Jeder andere hätte das auch hinbekommen.« Ich schaute sie wohl sehr kritisch an. »Na gut, vielleicht nicht jeder. Aber die meisten. Und ich habe ja auch nicht wirklich was Besonderes gemacht.« Sanft, aber mit Nachdruck versuchte ich ihr klar zu machen, dass sie eben dabei war, sich selbst schlecht- und kleinzumachen. Ich fragte sie, warum es ihr in ihren Augen so schwerfalle, mein Kompliment einfach mit einem »Danke« entgegenzunehmen. »Naja, ich persönlich kann Angeber nicht leiden«, meinte sie schließlich. »Und ich will bestimmt auch selbst keine sein, die so große Töne spuckt über das, was sie alles so toll kann und macht.«

Aha. Da war es also, das Kleinmacherin-Ego in seiner schönsten Form! Ihrer Aussage und ihrer Art, wie sie mein Kompliment von sich wies, konnte man klar entnehmen, dass sie wusste, dass sie das toll gemacht hatte. Sie wollte aber keinesfalls als Angeberin wirken. Darum spielte sie meine lobenden Worte herunter. Weil sie von ihrer eigenen Denkweise und ihrer Ablehnung diesem Verhalten gegenüber ausging. Das wiederum zeigt wunderbar, dass unser Tun stets darauf ausgerichtet ist, geliebt (anerkannt, respektiert, gesehen usw.) zu werden. Was wir selbst an anderen ablehnen würden, versuchen wir bei uns zu vermeiden. Oder wir ignorieren schlichtweg diesen Anteil bei uns.

Ich kenne die Kleinmacherin zu Genüge von mir selbst. Und ich finde, sie verdient die Einordnung in das Weibliche zutiefst. Denn diese falsche Bescheidenheit wird bei Frauen gern »vererbt« (Feministinnen, ruhig durchatmen! Wenn ihr euch jetzt aufregt, ist das toll – eines eurer Egos zeigt sich!). Mädchen werden nach wie vor dazu angehalten, bescheiden zu sein und sich zurückzuhalten. Jungs hingegen dürfen laut sein, nach vorne preschen und nach Gehaltserhöhungen fragen, als hätten sie die Firma eben höchstpersönlich vor dem Bankrott gerettet. Auch wenn sich viel getan hat in den letzten Jahrzehnten: Die Kleinmacherin ist bei den meisten Frauen leider noch lange nicht aus der Welt geschafft.

In welchen Situationen ist es deiner Meinung nach angebracht, sich selbst nicht lobend in den Vordergrund zu schieben? Oder wann spielst du das Lob eines anderen

herunter? Unter welchen Umständen betonst du gern, dass das alles keine große Sache war? Dass deine Fähigkeiten wirklich nichts Besonderes sind?

BESCHREIBE SO GENAU UND EHRLICH WIE MÖGLICH!

DAS ENDE DER KLEINMACHERIN

Sagt man der Dame den Kampf an, kann die Kleinmacherin sich auf einmal doch ganz schön aufblasen. Sie droht und faucht dann wie eine Große!

»Wenn ich aufhöre, mich so zu verhalten, wird mich niemand mehr mögen! Denn niemand mag Angeber, aber alle mögen bescheidene Menschen! Wenn ich aber so weitermache und Bescheidenheit heuchle, werde ich geliebt werden. Wenn ich das nicht mache, werden sich alle angewidert von mir abwenden!

Will ich das? Dass alle mich meiden? Also! Darum mache ich mich weiter klein und erfahre, wie sehr ich dafür geliebt werde!

Außerdem, über die Jahre hat diese Taktik die Lobreden von anderen verdoppelt, verdreifacht, verfünffacht! Weil ich das Kommando habe, wiederholen ständig alle, dass sie es ernst meinen, dass ich wirklich so toll bin und dass ich nicht so bescheiden sein soll. Das ist Aufmerksamkeit pur, die

Meine 26 EGOS und ICH **81**

ich mir da beschere! Wenn ich mich nicht kleinmache, dann bekomme ich gerade mal ein Lob, wenn überhaupt, und das war's! Hast du eine Ahnung, wie viel Energie mir da verloren geht? Machen wir uns nichts vor: Dieses Verhalten ist einfach optimal! Und verdient Lob und Liebe!«

Ja, meine Damen und Herren, da wollen wir mal ganz ehrlich sein. Sich mit der Kleinmachernummer zu verkaufen, ist eine 1-a-Strategie, sich in den Mittelpunkt der Aufmerksamkeit zu stellen und so andere höchst manipulativ dazu zu bringen, uns mit noch mehr Lob und Aufmunterungsversuchen zu versorgen! Was wir uns selbst und den anderen als Bescheidenheit verkaufen, ist in Wahrheit eine ganz fiese Masche. Wir wissen – nicht zuletzt aus Erfahrung –, dass viele dazu neigen, sich kleinmachende Menschen emotional wieder aufrichten zu wollen. So wie man Großmäuler einfach mal gern auf den berühmten Boden der Tatsachen zurückholt. Energie von anderen zu klauen ist subtiler kaum mehr möglich. Glückwunsch zu dieser doppelbödigen Nummer, die sich seit Jahrhunderten bewährt hat. So ernten viele Frauen vielleicht nicht die Gehaltserhöhung, die der Müller bekommen hat dank seiner großen Klappe, aber sie erhalten Energie. Denn Geld ist auch Energie. Und die gibt es jetzt eben nicht vom Chef, sondern von den Freunden, die einem sagen, dass man doch viel besser wäre als der Müller. Doch, doch, wirklich, echt! Komm, nicht so bescheiden, du hast es doch echt drauf. Doch, doch, wirklich!

Mein Worst-Case-Szenario

Stell dir mal vor, du würdest aufhören, dich selbst kleinzumachen. Du würdest beim nächsten Kompliment sagen: »Danke. Ich finde, du hast recht. Das habe ich wirklich gut gemacht.«

WAS KOMMT DA ALLES HOCH AN GEDANKEN UND GEFÜHLEN?

WAS ICH VON DER KLEINMACHERIN HABE

Im Grunde ist sie eine Nette. Hinterlistig, aber nett. Sie drängt sich nicht in den Vordergrund, und doch ist sie ein gutes Beispiel dafür, wie penetrant jemand sein kann, der sich vermeintlich unauffällig verhalten will. Gut für Sozialstudien im eigenen Kopf! Wenn ich dieses Ego erst einmal durchschaut und verstanden habe, tricksen mich die anderen auch nicht mehr so leicht aus. Also ist die Kleinmacherin eine super Lehrerin!

ECHTE VARIANTE DER KLEINMACHERIN

Fällt die Verzerrung weg, bleibt Folgendes stehen:

»Ich erkenne demütig und dankbar an, dass ich mit Gaben beschenkt bin, so, wie jeder andere.«

WIE DU DIE KLEINMACHERIN ÜBERWINDEST

Falsche Bescheidenheit ist keine Bescheidenheit! Sie ist eine Maske, mit der du anderen vorgaukelst, jemand zu sein, der du in Wahrheit nicht bist. Übe dich darin, dir selbst und auch anderen zu sagen: »Ich bin stolz darauf, die/der zu sein, die/der ich bin.«

Mach dir deine eigenen Stärken bewusst, und lerne, sie etwa vor Freunden zu benennen. »Das kann ich wirklich gut.« Kommt dir das nun leichter über die Lippen? Bravo!

Du tust auch jedem anderen in deinem Umfeld einen großen Gefallen, wenn du mit dieser falschen Bescheidenheit endlich aufhörst.

Affirmation:

»Ich stehe zu meinen Fähigkeiten.«

MEINE SELBST FORMULIERTE, STÄRKENDE AFFIRMATION

Die PERFEKTIONISTIN

Diese Dame hat es mir jahrzehntelang besonders schwer gemacht. Nichts war gut genug, allen voran ich selbst nicht. Noch während ich das hier schreibe, flüstert sie mir immer wieder mal ins Ohr: »Das kann ich so nicht veröffentlichen.« Ja, das macht sie nämlich besonders gern. Sie redet mir immer wieder ein, dass ich das noch mindestens drei Mal überarbeiten müsse. Oder dass ich noch nicht so weit bin, ein paar Tage/Wochen/Monate/Jahre müsste ich noch warten. Gern hat sie mir früher auch immer einen weiteren Kurs empfohlen. Und mir geraten, noch mehr zu lernen, zu lesen und einfach besser zu werden. In allem.

Die unterste Messlatte, das Minimum der zu erntenden Komplimente war: »Auf dich ist einfach Verlass!« oder »Wenn die Silvia es macht, dann ist es tipptop!« Wie gesagt, solche Reaktionen zu erzielen, war das Minimum. Die ganze Welt durch Perfektion zu beeindrucken, das macht ihr so richtig Spaß. Oder sollte ich besser sagen: die Welt zu blenden?!

DER NAME DEINER PERFEKTIONISTIN/
DEINES PERFEKTIONISTEN

Meine 26 EGOS und ICH

CHARAKTERISTIK

»Mach es selbst und du weißt, dass es anständig erledigt wird!«

»Nur das Beste ist gerade gut genug!«

»Ich gebe immer 150 Prozent.«

»Wenn andere aufgeben, fange ich erst an.«

»Immer Nummer 1 sein. Dazu gibt es keine Alternative.«

»Das ist ok. Aber das geht noch besser!«

Mit dieser Grundhaltung macht sie sich oftmals zur Einzelkämpferin. Denn wer im Team könnte die Aufgaben schon so gut meistern wie sie? Und die Dinge perfekt zu erledigen, ist ein absolutes Muss. Daher nervt es sie, mit Underdogs zusammenzuarbeiten. Und das sind in der Regel die meisten – außer ihr selbst natürlich.

Schwächen zeigt sie nie. Andere vermuten deshalb oft, sie hätte gar keine. Das wird ihr mitunter als unmenschlich ausgelegt. Dabei ist genau das eine ihrer größten Schwächen: sich selbst keine zuzugestehen. Die Perfektionistin leidet unter einem permanenten Druck, den sie sich aufgrund ihrer eigenen hohen Ansprüche selbst erschafft.

Kleidung wird nach Farben sortiert, Büromaterialien werden im rechten Winkel auf dem Schreibtisch angeordnet. Und wehe, einer bringt da Unordnung rein! Chaos ist ihr ein Graus. Ebenso die Chaosverursacher. Eigentlich wäre es wohl am praktischsten, wenn es nur sie allein auf der Welt gäbe.

UND WAS ZEICHNET DEINE PERFEKTIONISTIN AUS?

IHRE EXISTENZGRUNDLAGE

Doch das, was hinter all dieser massiven Anstrengung steckt, ist ein Wesen, das unglaublich verletzlich ist. Ein Inneres Kind, das meint, nie zu genügen.

»Du bist so, wie du bist, nicht gut genug.«
»100 Prozent sind das Minimum.«
»Nur wer perfekte Arbeit leistet, verdient Lob und Anerkennung!«

Diese Sätze und ähnliche kennt sie nur zu gut. Früh hat sie gelernt, dass Perfektion die ersehnte Liebe in Form von Anerkennung bringt. Mittelmaß führt zu Nichtbeachtung. Und die tut noch viel mehr weh als Schelte für schlechte Leistungen. Hinter ihr steht oftmals das Kind, das für sehr gute Noten immer gelobt, gestreichelt und belohnt wurde. Und sich für schlechtere Leistungen erklären, rechtfertigen musste.

Oftmals bleibt das Streben nach Perfektion ein Schutzpanzer, um die Verletzlichkeit und die Unsicherheit nicht zu zeigen, die in Wahrheit in diesem Menschen steckt. Denn in unserem Inneren ruht oftmals, fest verwurzelt, der Satz: »So, wie ich bin, genüge ich nicht.« Und das zu glauben, tut weh. Also wird erbittert gekämpft, um diesen Schmerz bloß nicht spüren zu müssen.

Meine 26 EGOS und ICH

Stell dir einmal vor, du würdest jetzt sofort damit aufhören, dein Bestes geben zu wollen. Oder aber andere sagen bei allem, was du tust: »Was? Das soll alles sein? Mehr kannst du nicht?« Was läuft bei dieser Vorstellung in dir ab? Schreib deine Widerstände auf, deinen inneren Protest. Auch die körperlichen Wahrnehmungen, die du dabei hast.

BESCHREIBE SO GENAU WIE MÖGLICH!

DAS ENDE DER PERFEKTIONISTIN

Erklärt man seiner Perfektionistin, dass ab sofort Dinge auch mal halb erledigt liegen bleiben können oder dass man ab jetzt nach dem Paretoprinzip[2] arbeitet, dann kann man sich aber was anhören!

»Wenn ich mit meiner Perfektion aufhöre, werde ich eine von diesen mittelmäßigen Dahindümplerinnen werden, für die sich niemand interessiert! Keine Karriere, kein toller Partner, laute Kinder. Mal ehrlich, wer will das schon? Ich garantiere mir selbst durch meine Ansprüche an mich und an meine Arbeit, dass alles im Leben so laufen wird, wie ich das will. Alle werden mich respektieren, keiner bekommt die Chance, mich zu kritisieren! Außerdem, will ich das? Will ich wieder kritisiert werden? Mir Vorhaltungen anhören, dass ich alles halb erledigt rumliegen lasse? Dass man sich auf mich nicht verlassen

---

[2] Die »80-zu-20-Regel«: 80 Prozent des zu Erreichenden werden in 20 Prozent der Zeit erzielt. Die verbleibenden 20 Prozent brauchen dann 80 Prozent der Zeit, was in keinem ökonomischen Verhältnis steht. Doch die Perfektionistin will ja 100 Prozent um jeden Preis!

kann? Dass meine Arbeit nichts gilt? Will ich das? Das hat früher dermaßen weh getan. Ich passe auf, dann kommt so etwas nie, nie wieder vor!«

Ja, danach sehnt sich das so oft gerügte Kind in uns. Nie mehr kritisiert werden! Denn Kritik ist verbunden mit Ablehnung, Geringschätzung und Vernachlässigung. Das will es nie mehr fühlen müssen. Darum schützt es sich, wo es nur geht. Legt sich eine Rüstung zu. Und die heißt: »Ich tue alles, damit nie mehr einer eine Chance hat, auf mir rumzutrampeln. Koste es, was es wolle!« Und kosten tut uns das eine ganze Menge. Sehr oft ist es die Gesundheit. Oder das Leben, das wir uns eigentlich wünschen würden.

Mein Worst-Case-Szenario
Stell dir vor, du lieferst miserable Arbeit ab. Du gehst absolut underdressed auf eine schicke Party. Du kochst und wirst von der Liebe deines Lebens schief angeschaut, weil es nicht so wirklich schmeckt.
Egal, was für deine Perfektionistin der Albtraum ist: Mal dir das Szenario in schillernden Farben aus!

WAS PASSIERT TATSÄCHLICH, WENN DU MAL NICHT PERFEKT BIST?

Meine 26 EGOS und ICH

WAS ICH VON MEINER PERFEKTIONISTIN HABE (AUSSER VERMEINTLICHER PERFEKTION)

Hohe Ansprüche führen zu großen Ergebnissen. Nur wer über das Mittelmaß hinausdenkt, kann wahrhaft Großartiges erschaffen. Die Perfektionistin zeigt, dass immer noch mehr geht. Wenngleich zu einem hohen Preis.

Sie macht dich auf das Potenzial aufmerksam, das in dir steckt. Und wer du sein kannst, wenn du willst. Allerdings ist es meist entspannter, nicht sein zu wollen, was sie gern hätte.

ECHTE VARIANTE DER PERFEKTIONISTIN

Fällt die Verzerrung weg, bleibt Folgendes stehen:

Die Erfolgreiche. Die, die aus ihren Möglichkeiten das Beste macht. Sie hilft dir dabei, entspannt, zufrieden und mit dir im Reinen zu sein.

WIE DU DIE PERFEKTIONISTIN ÜBERWINDEST

Erkenne, dass du so, wie du bist, in jedem Fall liebenswert bist!

Wer auch immer dir im Leben erzählt hat, dass du für Liebe etwas tun musst: Er hatte unrecht! Mach dir klar, dass hinter deinen hohen Ansprüchen die Angst liegt, für Minderleistung kritisiert zu werden, und du in Wahrheit sehr unsicher bist, ob deine Leistungen genügen. Blamier dich einmal mit Ansage nach Strich und Faden! Oder am besten gleich zwei Mal. Oder drei Mal. Tu etwas, von dem du meinst, es vor Schande nicht überleben zu können! Und erlebe, dass es auch danach noch ein Morgen gibt.

Tatsächlich ist hier ein Erleben ganz wichtig. Die Vielzahl von nicht perfekt abgelaufenen Situationen und die Erfahrung, dass man nichts dadurch verliert, hilft enorm dabei, den ganzen Druck mal loszulassen. Für vermeintlich Arbeitsplatzunabkömmliche empfehle ich dringend die zehntägige Vipassana-Meditation, die keinerlei Kommunikation mit dem Außen gestattet. Sie ist sehr heilsam. Und befreiend!

Affirmation:

»So, wie ich bin, genüge ich mir vollauf. Vollkommenheit ist mein Urzustand.«

MEINE SELBST FORMULIERTE, STÄRKENDE AFFIRMATION

Meine 26 EGOS und ICH

DIE »DAFÜR IST ES ZU SPÄT«-FLÜSTERIN

»Ja, vor 20 Jahren, da hätte ich so was machen können. Aber heute geht das nicht mehr.«

Natürlich ist hier nicht die Rede von einer Frau, die in den allerletzten Atemzügen liegt. Nein, vielmehr denke ich an eine rüstige 60-Jährige, die den Vorschlag zu einer großen Reise mit diesen Worten ablehnt. Dabei würde sie das ja insgeheim gern machen. Hatte sie davon nicht immer geträumt? Aber nein, jetzt war es eindeutig zu spät.

Zu spät wofür? Zu spät, um aus dem Alltag mal auszubrechen? Um etwas zu erleben? Mal wieder zu spüren, wie aufregend, neu, anders das Leben außerhalb der gewohnten Umgebung sein kann? Zu spät, um noch einmal ein neues Projekt anzufangen?

Die »Dafür ist es zu spät«-Flüsterin ist kein Phänomen, das nur bei älteren Menschen auftritt. Nein, vielmehr macht sie sich bei jungen oder sogar sehr jungen Menschen schon breit. Wie viele Küsse werden nicht geküsst, weil einem irgendeine Stimme einredet, dafür sei es zu spät? Der Zug sei abgefahren? Wie viele Firmen werden nicht gegründet, weil angeblich der richtige Zeitpunkt schon vorbei sei? Wie viele Menschen haben ihr

Vermögen vor ein paar Jahren nicht verdoppelt, weil der Goldpreis bereits angefangen hatte zu steigen und es nun doch zu spät war, um noch Gold zu kaufen? Der Goldpreis steigt weiter und weiter und weiter.

Die »Dafür ist es zu spät«-Flüsterin ist nicht die Stimme, die einen realistisch erkennen lässt, dass es Zeit ist, von einem Vorhaben abzulassen. Sie ist nicht die Stimme, die wirklich erkennt, dass ein Festklammern an Egoträumen einen davon abhält, weiterzugehen. Nein, die Rede ist hier nicht von der Stimme des Herzens, sondern von einem Ego, das ziemlich große Angst hat.

DER NAME DEINER »DAFÜR IST ES ZU SPÄT«-FLÜSTERIN/ DEINES »DAFÜR IST ES ZU SPÄT«-FLÜSTERERS

CHARAKTERISTIK
»Nicht mehr in meinem Alter!«
»Das geht jetzt einfach nicht mehr.«
»Der Zug ist abgefahren.«
»Früher, ja, da wäre das gegangen, aber heute …«

Tja, früher, da hätten einem alle Möglichkeiten noch offen gestanden. Sagt die Flüsterin. Aber jetzt ist es nun mal einfach zu spät. Da kann man nichts machen. Sagt sie. Eigentlich würde sie ja so gern etwas Bestimmtes tun, aber leider, leider … Die »Dafür ist es zu spät«-Flüsterin ist eine hervorragende Gefährtin, wenn es darum geht, alles beim Alten zu lassen.

Dieses Ego fühlt sich in seinem Leben, so, wie es ist, dermaßen wohl, dass es alles daran setzt, dass es auch so bleibt. Die Masche der »Dafür ist es zu spät«-Flüsterin ist es eben, dir einzuflüstern, dass es nicht an dir läge. Dass du das Potenzial ja hättest. Dass du großartig wärst. Aber unglücklicherweise sei es einfach zu spät. So realistisch müsstest du schon sein. Sagt sie.

UND WAS ZEICHNET DEINE
»DAFÜR IST ES ZU SPÄT«-FLÜSTERIN AUS?

IHRE EXISTENZGRUNDLAGE

Angst vor Veränderung. Und damit vor Kontrollverlust.
Das Wohlfühlen in der Opferrolle und damit das Abgeben jeglicher Verantwortung für das eigene Leben.

Gleichzeitig lässt sie das Jammern über den Ist-Zustand zu. Dass sie wegen ihrer jetzigen Situation ihre Träume nicht ausleben kann. Denn wer jammert und leidet, wird gehört, so die Lebenserfahrung. Eine Prise Mitleid wird auch gern dazugenommen. Wie auch immer: Auf diese Art sind einem das Bedauern und das Verständnis des Umfelds gewiss. Zumindest aber garantiert das eigene Verständnis. Denn es

Meine 26 EGOS und ICH **97**

ist ein großer Unterschied, ob man sich eingesteht, dass man Angst vor etwas hat, oder ob man sich einredet, dass der Zeitpunkt leider einfach nicht stimmt.

So gedeiht die »Dafür ist es zu spät«-Flüsterin auf dem Nährboden des Bekannten und der Angst davor, dass sich irgendetwas verändern könnte – und dadurch nicht mehr kontrollierbar wäre.

Bekannt dürften auch Sätze sein wie

»Da muss man halt auch mal realistisch sein.«
»Alles hat seine Zeit.«
»Man muss einfach wissen, wann der Zug abgefahren ist.«
»Alte Bäume verpflanzt man nicht.«
»Das habe ich schon immer so gemacht.«

Stell dir einmal vor, du würdest nicht mehr auf diese Flüsterstimme hören. Dir alles zutrauen. Wagnisse eingehen, obwohl der ideale Zeitpunkt dafür angeblich vorbei sei. Denk an deinen größten Traum, den dir diese Stimme immer ausreden will. Und dann stell dir vor, du tust es. Trotzdem.
Welche Abers ploppen in deinem Kopf jetzt vielleicht noch auf? Oder merkst du, dass dich dann nichts mehr hält?

BESCHREIBE SO GENAU WIE MÖGLICH!

DAS ENDE DER »DAFÜR IST ES ZU SPÄT«-FLÜSTERIN

Oh, das wird sie gar nicht gern hören. Dass ihre Argumentation, die doch so lange hervorragend gewirkt hat, mit einem Mal nicht mehr greifen soll. Da kämpft sie dann ums Überleben …

»Wenn ich das jetzt noch anpacke, wird meine ganze Welt aus den Fugen geraten! Ich werde mich verändern müssen, andere Menschen verlassen mich dann. Außerdem ist mein Leben bequem so, wie es ist! Wenn ich alles so lasse, fahre ich weiterhin das Mitleid anderer ein, und ich kann ihnen erzählen, wie schwer ich es habe. Dann kann ich in meiner Komfortzone verharren! Hier kenne ich mich aus, hier bin ich Herrin der Lage! Man stelle sich nur mal vor, ich würde jetzt plötzlich alles anders machen. Das geht ja mal gar nicht. Wo kämen wir denn da hin? Was, wenn jetzt jeder anfangen würde, alles anders zu machen? Nee, nee, ich bleibe mal schön, wo ich bin. Für so etwas ist es einfach zu spät.

Ich würde mich ja total lächerlich machen! Vor der ganzen Welt! Wenn so ein alter Trottel wie ich noch mal so etwas Verrücktes machen würde … Wenn ich noch einmal bei meiner vermeintlichen großen Liebe aufschlage und mich schon wieder zum Idioten mache … Wie lächerlich es einfach ist, so dumm und uneinsichtig zu sein!«

Mein Worst-Case-Szenario
Stell dir vor, du wagst es, obwohl doch alles schon zu spät dafür ist. Mal dir weiter aus, dass du dann eine absolute Bauchlandung mit deinem Projekt machst. Und

alle zu dir sagen: »Mein Gott, hast du nicht gecheckt, dass es dafür viel zu spät ist?« Wie sie über dich lachen und dich verspotten. Stell dir weiter vor, was du dafür alles aufgegeben und verloren hast.

Und dann stell fest, dass du immer noch da bist. Dass dein Leben weitergeht. Und vor allen Dingen: Spüre mit jeder Faser, wie es ist, einmal was gewagt zu haben!

BESCHREIBE DEIN PERSÖNLICHES WORST-CASE-SZENARIO GENAU, UND SCHILDERE, WAS DU DARAN SO SEHR FÜRCHTEST! UND IM BESONDEREN: WAS DU WEGEN DIESER FURCHT VERMUTLICH VERPASST.

WAS ICH VON MEINER »DAFÜR IST ES ZU SPÄT«-FLÜSTERIN HABE

Alles hat seine Zeit im Leben. Es gibt Dinge, die kann man immer angehen. Für andere Dinge wiederum wird es irgendwann wirklich Zeit, sie loszulassen. Manchmal tut man einfach gut daran, mit etwas abzuschließen.

ECHTE VARIANTE DER »DAFÜR IST ES ZU SPÄT«-FLÜSTERIN

Fällt die Verzerrung weg, bleibt Folgendes stehen:
Die Akzeptierende. Die, die den Moment annimmt, wie er ist.

WIE DU DIE »DAFÜR IST ES ZU SPÄT«-FLÜSTERIN ÜBERWINDEST

Die Wahrheit ist: Es ist für die Verwirklichung deiner Herzensträume (nicht Egoträume!) in diesem Leben erst dann zu spät, wenn deine Seele den Körper verlassen hat. Vorher steht dir alles offen. Mach dir bewusst, dass die Aussage, der Zug sei abgefahren, meist nichts als eine Ausrede ist! Es gibt so viele Beispiele in der Menschheitsgeschichte, die zeigen, dass Großartiges auch noch im hohen Alter möglich ist! Oder dass es eben im fünfzigsten Anlauf geklappt hat.

Egal, was du dir zurechtlegst: Wenn du willst, wirst du immer auch positive Beispiele dafür finden, dass es nie zu spät ist. Beispiele, die dich inspirieren, anstatt dir zu bestätigen, dass du die Füße besser stillhalten solltest.

Affirmation:

»Es steht mir in jedem Moment offen, meine Träume wahr zu machen.«

MEINE SELBST FORMULIERTE, STÄRKENDE AFFIRMATION

DIE »ICH BIN NOCH NICHT SO WEIT«-BESCHWICHTIGERIN

Da ist er. Wunderschön und in Farbe hast du ihn vor Augen. Deinen Traum. Deine Vision von der schönsten Form des Seins hier auf Erden! Du siehst alles klar vor dir: Deine eigene Praxis. Deine Kinder. Du am Amazonas. Die getippte und ausgedruckte Kündigung. Deine Initiativbewerbung. Dein Haus. Dein Leben ohne Verpflichtungen. Und so weiter und so fort.

Jeder von uns hat ganz individuelle Träume. Sie sind Botschaften unserer Seele. Letztlich lautet jede von ihnen: »Mach dich noch glücklicher! Und ich zeige dir die Schritte, die dich dorthin führen!« Ja, du bist sogar an dem Punkt angelangt, an dem du schon dieses Kribbeln, dieses unbeschreibliche Gefühl in deiner Magengegend hast. Es schreit geradezu: »Ja, ja, ja!!!« Du bist kurz davor, alle notwendigen Vorkehrungen zu treffen, weil du wahrhaft spürst, dass das der absolut richtige nächste Schritt in deinem Leben ist. Und dann …

… kommt sie.

Die »Ich bin noch nicht so weit«-Beschwichtigerin erzählt dir nun, dass das alles schon richtig ist. Sicherlich führt dich dein Traum ins Glück. Aber leider bist du noch nicht so weit. Vorher müssen erst noch ein paar Hausaufgaben erledigt werden. Für die eigene Praxis hast du einfach noch nicht genügend Know-how und Erfahrung. Wie wäre es, erst noch ein, zwei Kurse zu besuchen? Sicher ist sicher. Für eigene Kinder bist du noch nicht alt genug. Denn schau, du bist doch selbst noch ein Kind. Außerdem sind die Finanzen noch nicht gesichert. Und Kinder kriegen ist schon eine Entscheidung, die noch an die zehn, zwanzig Mal durchdacht sein will. Ja, die Kündigung. Natürlich solltest du die einreichen! Absolut richtig. Aber doch noch nicht jetzt. In einem halben Jahr ist es doch immer noch früh genug. Du bist ja noch jung. Es muss ja nicht immer alles gleich sein.

Und dabei lächelt sie mit einem beruhigenden Lächeln, wie man es von liebevollen Omas und Müttern kennt, die es doch so gut mit einem meinen.

Wer könnte da schon ernsthaft widersprechen? Vielleicht hat sie ja recht. Muss es denn jetzt sein? Später reicht ja auch noch. Außerdem stimmt es ja, ich glaube, ich bin wirklich noch nicht weit genug.

Kennst du diese Dame? Oder ist es bei dir ein Herr? Egal, wie es sich für dich anfühlt: Gib dieser glückshemmenden Stimme jetzt einen Namen!

104   Meine 26 EGOS und ICH

DER NAME DEINER
»ICH BIN NOCH NICHT SO WEIT«-BESCHWICHTIGERIN/
DEINES »ICH BIN NOCH NICHT SO WEIT«-BESCHWICHTIGERS

CHARAKTERISTIK

Tolle Ideen, fantastische Pläne, geniale Businesskonzepte, der Traum von der eigenen Familie. Sie ist einfach eine Visionärin.

Allerdings bleibt es oftmals bei der Idee oder dem Wunsch, denn hier und jetzt fehlen angeblich einige Voraussetzungen, was ihre Persönlichkeit oder ihre Lebensumstände betrifft. Zumindest noch. Daher geht es jetzt noch nicht. Kurse müssen erst noch besucht, Charaktereigenschaften weiterentwickelt werden. Eine gewisse Nähe zur Prokrastinatorin ist unverkennbar.

Die »Ich bin noch nicht so weit«-Beschwichtigerin ist keine Stimme, die dich entmutigen will. Nein, vielmehr gibt sie dir recht. Der Traum ist schon der richtige. Die Idee stimmt! Ja, mal dir deinen Traum ruhig weiter aus! Fast wirkt sie wie eine ehrliche Unterstützerin deines Vorhabens. Allerdings solltest du besser noch warten. Denn jetzt bist du noch nicht gut genug, nicht erfahren genug, nicht reich genug, nicht gebildet genug, nicht … Ja, genau. Was auch immer. Aber eben noch nicht … genug.

Morgen ist der Zeitpunkt übrigens auch nicht besser. Ein wenig erinnert die »Ich bin noch nicht so weit«-Beschwichtigerin an den geflügelten Gasthausspruch »Freibier gibts morgen.« Nur, dass »morgen« morgen »heute« ist und das Spiel wieder von vorne anfängt. So ist es das billigste und werbewirksamste Versprechen, das ein Gastwirt einem geben kann.

UND WAS ZEICHNET DEINE
»ICH BIN NOCH NICHT SO WEIT«-BESCHWICHTIGERIN AUS?

IHRE EXISTENZGRUNDLAGE
»Mit dem, was du kannst, bist du noch nicht gut genug.«
»Das kannst du noch besser!«
»Du verpasst so viel, wenn du das jetzt schon machst!«
»Scheitern ist etwas Grauenvolles!«
»Es gibt so viele andere, die das Gleiche machen.«

Die Befürchtungen sind zahlreich. Es finden sich in jedem Fall immer genug handfeste Gründe, warum man den eigenen Traum jetzt nicht umsetzt. Oft wird aus dem »Nicht-Jetzt« aber auch ein »Nie«.

Tatsächlich liegen diesen Einwänden ernsthafte Selbstzweifel zugrunde – wie immer vorausgesetzt, sie entspringen einem Ego und nicht der Intuition. Getarnt werden sie als absolutes Vertrauen in einen. Nur, dass eben der Zeitpunkt nicht stimmt. Die »Ich bin noch nicht so weit«-Beschwichtigerin arbeitet eng mit der Prokrastinatorin, Kann-nix oder auch dem Sicherheitsfanatiker zusammen. Es geht um die Angst zu scheitern. Zu versagen. Und damit wieder um all die Ängste, die mit Scheitern verbunden sind. Ausgelacht zu werden. Dass andere mit dem Finger auf einen zeigen. Oder hinter dem Rücken über einen reden. Es geht darum, nicht dumm dastehen zu wollen. Man soll mit dem Unterfangen den Erfolg garantiert gepachtet haben.

Und so bleibt das Risiko letzten Endes eben zu hoch. Wobei es ja nur eine Frage der Zeit ist, bis man so weit ist. Sagt sie.

Was hält dich in Wahrheit zurück? Mach dir bewusst, dass es nicht darum geht, noch einen Kurs zu besuchen. Vorausgesetzt, deine Intuition sagt dir, dass es Zeit ist, loszulegen. Warum nicht jetzt? Warum wirklich nicht jetzt?

BESCHREIBE SO GENAU WIE MÖGLICH!

DAS ENDE DER »ICH BIN NOCH NICHT SO WEIT«-BESCHWICHTIGERIN

Du bist so weit. Du hast dich entschieden. Egal, was sie noch einwirft, du wirst es links liegen lassen. Sie links liegen lassen.

Mach dich auf einen letzten, heftigen Kampf gefasst! Denn spätestens jetzt zeigt sich, dass sie alles andere ist als eine liebevolle Oma, die nur dein Bestes will. Sie ist die nackte Angst, getarnt durch eine liebevoll beratende Stimme, wie so viele andere Egos auch. Und Angst kann vieles sein. Aber niemals bedingungslose Liebe.

»Wenn ich das allen Ernstes jetzt schon mache, werde ich eine miese Performance hinlegen! Das, was ich abliefern werde, wird nicht gut genug sein, und alle werden mich dann auslachen. Niemand wird mir mehr einen Auftrag geben. Alle werden mich als Rabenmutter erkennen. Ich gehe in der Konkurrenz unter, weil die anderen einfach schon viel weiter sind. Diesen Imageverlust hole ich nie mehr ein! Ich warte noch! Ich will mich doch nicht vor allen zum Affen machen, oder? Ach, ich weiß es doch genau: Ich packe das noch nicht! Ich packe das einfach nicht! Ich lass es! Ich lass es! Ja, das fühlt sich gut und richtig an. Besser noch ein wenig warten …«

Mein Worst-Case-Szenario
Nimm deinen Traum, für dessen Umsetzung es angeblich noch zu früh ist, und mal dir aus, wie du ihn trotz aller Widerstände jetzt (!) angehst. Und damit kläglich scheiterst. Welche Gefühle kommen dabei in dir hoch?

BESCHREIBE SO GENAU WIE MÖGLICH!

WAS ICH VON MEINER »ICH BIN NOCH NICHT SO WEIT«-BESCHWICHTIGERIN HABE

Manchmal schadet es wirklich nicht, die Dinge nicht zu überstürzen und sich ein wenig Zeit zu geben. Für bestimmte Schritte brauchen wir eine bestimmte Reife.

ECHTE VARIANTE DER »ICH BIN NOCH NICHT SO WEIT«-BESCHWICHTIGERIN

Fällt die Verzerrung weg, bleibt Folgendes stehen:

Die Geduldige. Die, die den wahrhaft richtigen Moment abwarten kann, in dem alles zu dir kommt, was zu dir gehört.

WIE DU DIE »ICH BIN NOCH NICHT SO WEIT«-BESCHWICHTIGERIN ÜBERWINDEST

Wie lange genau willst du auf dem Zehnmeterbrett stehen und hinunterschauen, bevor du ins kalte Wasser springst?
Alle, die du heute bewunderst für ihre Größe und ihre Genialität, waren irgendwann einmal kleine Jungs und kleine Mädchen, die sich einfach mal was getraut haben. Fehlschläge gehören zum Leben und sind Teil des Entwicklungsprozesses. Erfolgreiche Menschen wissen das.

Meine 26 EGOS und ICH

Denk an jemanden, der in deinen Augen Großes geleistet hat. Glaubst du wirklich, dass er in dem Moment, in dem er die notwendigen Schritte ging, zu 100 Prozent wusste, dass das Vorhaben gut gehen würde? Forsche doch mal nach. Es ist gut möglich, dass er auch ein paar Mal »gescheitert« ist, bevor das geklappt hat, was du heute so bewunderst. Dieses »Scheitern« ist letztlich nichts anderes als das Sammeln von Erfahrungen.

Was wäre, wenn ein Baby nach dem ersten Sturz nie mehr aufstehen würde aus Angst, hinzufallen?
Richtig. Niemand lacht ein Baby aus oder grenzt es aus, weil es hingefallen ist. Im Gegenteil. Alle ermuntern es, weiterzumachen. Begreife, dass all die »Mit-dem-Finger-auf-mich-Zeiger« eine Reflexion deiner eigenen Zweifel sind. Diese Zweifel kennt das Baby noch nicht. Lerne, deine Zweifel zu besiegen! Und es werden sich mehr und mehr Unterstützer in deiner Umgebung finden. Den ersten Schritt dazu darfst du aber allein gehen. Warte nicht auf sie. Denn tatsächlich warten deine Unterstützer auf dich.

110   Meine 26 EGOS und ICH

Affirmation:

»Ich erlaube mir, die Erfahrungen zu sammeln,
die mich ans Ziel bringen. Ich glaube an mich
selbst und an meine Kraft.«

MEINE SELBST FORMULIERTE, STÄRKENDE AFFIRMATION

DIE
AN-DER-WELT-ERKRANKTE

Es ist schon eine Weile her, dass ich sie bei mir in voller Aktion erlebte.

Im Herzen Münchens saß ich in meinem damaligen Praxisraum zusammen mit etwa acht anderen Menschen im Kreis. Es war unsere spirituelle Runde, die einmal im Monat stattfand. Die Teilnehmer waren allesamt Menschen, die sich in »klassischen« esoterischen Kreisen nicht sonderlich wohlfühlen und nicht so recht wussten, wie sie ihre Spiritualität im Alltag leben sollten. Also wie sie ihre Spiritualität mit Postaustragen, mit ihrer Liebe für Modeschmuck oder auch mit dem Traum von der Villa am Strand kombinieren sollten.

An jenem Montag war zum ersten Mal eine ältere Teilnehmerin namens Anna dabei. Sie hatte meinen Aushang im Fenster gelesen und sich gefreut, dass so ein Treffen bei ihr um die Ecke stattfand. Ich werde Anna nie vergessen und ihr auf immer dankbar sein, dass sie an diesem Tag dabei war. Auch wenn sie danach nie wieder kam. So sind Engel eben. Sie erscheinen zum rechten Moment und verschwinden dann wieder, scheinbar spurlos.

Die Runde war lebhaft und fröhlich wie immer. Irgendwie waren immer ganz wunderbare Menschen da. Wir tauschten uns aus und ge-

Meine 26 EGOS und ICH

nossen es einfach, zusammen zu sein. Gegen Ende dann las ich einen meiner aktuellen Blog-Texte vor. Es ging um Spiritualität. Und Sex. Als ich mit Vorlesen fertig war, herrschte ein betretenes Schweigen in der Runde. Entgegen bisheriger Erfahrungen wollte niemand was zum vorgetragenen Texten sagen, das war offenkundig. Über Spiritualität und Egos sprechen, ja. Über Spiritualität und Geld, ja, das geht auch noch. Aber Spiritualität und Sex?! Bezüglich dieses Themas hat sich in den letzten Jahren viel getan. Zu diesem Zeitpunkt aber war das noch wie Schwarz und Weiß. Die beiden Komponenten ließen sich in den Köpfen von vielen Menschen nicht miteinander vereinbaren. Scheinbar.

Jetzt geschah aber etwas Kurioses. Irgendwie gelang es jemandem, zögerlich einen Kommentar dazu zu machen, der bezüglich dieser Hemmnisse den Medien die Schuld gab. Jetzt wiederum war ein Stichwort gefallen, mit dem jeder etwas anfangen konnte. Und ehe man sich's versah, ging es darum, wie schrecklich unsere Medien doch waren, und was sie unseren Kindern antaten. Auch ich ließ mich in diesen Strudel mitreißen und brachte Beispiele aus meinem damaligen Lehrerinnenalltag. Nur eine wurde immer ruhiger und sagte schließlich gar nichts mehr: Anna.

Als wir die Runde schlossen, fragte ich explizit Anna nach ihrer Meinung. Sie schwieg für einen Moment. Dann sagte sie: »Ich mag das für mich nicht mehr. Ich habe aufgehört, an der Welt, so, wie sie ist, zu leiden. Sie ist, wie sie ist, einschließlich der Medien. Für mich gibt es daran nichts zu kritisieren.«

Wie gesagt, sie kam nicht wieder. Was mich auch nicht verwunderte. Was mich angeht, so hatte sie mich an das erinnert, woran ich eigentlich bereits glaubte: Dass alles so, wie es ist, in Ordnung ist. Es gibt keinen Grund, an der Welt zu leiden. Allenfalls etwas zu verbessern. In meiner eigenen Welt, wohlgemerkt.

DER NAME DEINER AN-DER-WELT-ERKRANKTEN/
DEINES AN-DER-WELT-ERKRANKTEN

CHARAKTERISTIK

»Mein Gott, ist diese Welt schlecht!«
»Wenn es doch nur mehr Frieden gäbe auf dieser Welt!«
»Meine Nachbarn sollten sich auch mal mehr für den Umweltschutz interessieren!«

Sie leidet so sehr, denn die Welt sollte eigentlich ein viel besserer Ort sein. Immer die Augen offen halten für das, was nicht richtig läuft, immer sich dessen bewusst sein, was nicht funktioniert.
Und natürlich weiß sie, was die anderen alles tun müssten, damit sich das ändert.

Die An-der-Welt-Erkrankten laufen durch diese Welt und leiden an ihr. Weil sie angeblich nicht ist, wie sie sein sollte. Der Fokus liegt in der Regel auf dem, was schief läuft. Was nicht funktioniert. Und das scheint eine ganze Menge zu sein. Sie regen sich darüber auf, dass es auf dieser Welt so viele Kriege gibt. Ohne zu merken, dass sie sich selbst im Krieg befinden. Gegen die Welt, wie sie ist.

UND WAS ZEICHNET DEINE AN-DER-WELT-ERKRANKTE AUS? WAS LÄUFT DENN DEINER MEINUNG NACH ALLES FALSCH AUF DIESEM PLANETEN?

IHRE EXISTENZGRUNDLAGE
Eine tiefe Angst davor, die eigenen Schattenseiten zu betrachten.

Es ist um ein Vielfaches leichter, den berühmten Splitter im Auge des anderen zu sehen. Wer seine (Um-)Welt kritisiert, weil sie Kriege führt, ist im Krieg mit seiner eigenen (Um-)Welt. Die Angst davor, in seine eigenen Abgründe zu schauen und sich dann als genauso schlecht und wenig liebenswert wie alle anderen zu erkennen, hält diese Menschen gefangen.

Dem liegt natürlich eine Selbstbetrachtung zugrunde, die darauf fußt, dass nur die Lichtseiten liebenswert wären. Irgendwann hat die An-der-Welt-Erkrankte gelernt, dass es das Schöne, das Sanfte, das Ruhige, das Fröhliche ist, was die anderen mögen. Und was man demzufolge an sich selbst mögen kann. Entsprechend auch an der Welt. Aber Zorn, Hass, Aggression, Tötungslust usw. bekommen das Label »verabscheuenswert!« Doch diese Eigenschaften zu verabscheuen, bedeutet, einen Teil zu verleugnen. Einen Teil von einem selbst. Allerdings ist es, wie gesagt, viel leichter, diese schrecklichen Dinge in der Welt zu sehen und unter dieser Schlechtigkeit zu leiden, als anzufangen, tief in sich selbst einzutauchen und seine eigenen Schattenseiten erst kennen- und dann lieben zu lernen.

Natürlich wird die An-der-Welt-Erkrankte beim Lesen dieser Zeilen jetzt vehement protestieren. »Ja, so ein Unsinn! Wenn du das glaubst, dann ändert sich ja gar nichts! Und die Welt MUSS sich verändern!« Ach, wie recht sie doch hat! Die Welt muss sich tatsächlich verändern. Und zwar in dir selbst.

Auch spielt die Angst davor, als herzlos zu gelten, eine große Rolle. Bevor man sich diesem Vorwurf aussetzt, schließt man sich der Menge an, die der Meinung ist, die Welt sei ein schlechter Ort. Denn wer mag schon herzlose Menschen? Eben. Und damit sind wir beim alten Lied angekommen: Der Angst davor, nicht geliebt zu werden, wenn man sich anders verhält, als die Schutzmechanismen es einem einflüstern.

Warum regst du dich vielleicht bei dem Gedanken auf, dass alle Demonstranten dieser Welt genau in diesem Moment ihre Transparente einpacken könnten, weil es keinen Protest mehr gegen die Zustände braucht? Was gefällt dir nicht an der Welt? Was würdest du sofort ändern, wenn du allmächtig wärst?

BESCHREIBE SO GENAU WIE MÖGLICH!

DAS ENDE DER AN-DER-WELT-ERKRANKTEN

So. Jetzt soll sie also einpacken. Schluss mit Aufregen, Protestieren, Schimpfen und Wüten. Einfach vorbei. Stattdessen »Shanti om« im Kopf skandieren und meditieren. Na, prost Mahlzeit! Jetzt gibt es von der An-der-Welt-Erkrankten was auf die Ohren!

»Wenn ich aufhöre, die anderen auf ihre Fehler aufmerksam zu machen, tut sich ja gar nichts mehr auf diesem Planeten! Es braucht Menschen wie mich, die den anderen mal sagen, was hier alles nicht läuft! Ohne mich merken die doch nie, was mit ihnen nicht stimmt. Und keinesfalls lass ich mir einreden, ich wäre negativ! Das sind die!
Ich will doch keiner dieser unerträglichen Ja-Sager und Dahindümpler sein. Die Welt ist einfach ein Scheißort. Hunger, Not, Elend, Kindersoldaten, Vergewaltigungen, Pädophile, Folter … Soll ich mich jetzt wirklich hinsetzen und nichts tun? Bis jetzt war das mit diesen Egos hier ja alles ganz putzig. Aber hier hat der Spaß ein Ende! Man stelle sich doch einmal vor, das eigene Kind

würde misshandelt werden. Würde ich dann nicht alles in Bewegung setzen wollen, um diese Welt zu verändern? Und weil es »nur« das Kind eines armen Reisbauern getroffen hat, hocken alle rum und sagen, mit ihrer Welt hätte das nichts zu tun? Na, herzlichen Glückwunsch. Die Welt ist einfach schlecht!«

Mein Worst-Case-Szenario
Stell dir einmal vor, du hörst vollständig damit auf, dich über irgendetwas in dieser Welt aufzuregen. Kein Ärger mehr über die Politiker, über korrupte Menschen. Kein Echauffieren mehr über den Nachbarn mit seinem lauten Rasenmäher und auch die Kriege in Zentralafrika nimmst du einfach zur Kenntnis. Das Verhungern von Kindern und das Töten von kleinen Mädchen. Nicht aufregen. Sehen. Erkennen. Beobachten. Nicht bewerten.

WAS KOMMT DA IN DIR HOCH? BESCHREIB DEINEN PROTEST UND DEINE GEFÜHLE SO GENAU WIE MÖGLICH!

WAS ICH VON MEINER AN-DER-WELT-ERKRANKTEN HABE

Hätten wir keine Kritiker und Augenöffner auf unserer Welt, würden wir wohl wirklich ein wenig vor uns hindümpeln. Es tut gut, immer mal wieder ein wenig wachgerüttelt zu werden.

ECHTE VARIANTE DER AN-DER-WELT-ERKRANKTEN

Fällt die Verzerrung weg, bleibt Folgendes stehen:

Die Querdenkerin. Jemand, der sieht, was ist, und Dinge hinterfragt. Mit neuem Denken.

Denn das alte Denken hat diese Herausforderungen bisher nicht meistern können.

WIE DU DIE AN-DER-WELT-ERKRANKTE ÜBERWINDEST

Mach dir bewusst, dass all das, was du an anderen kritisierst, auch in dir ist.

Ja, das ist eine unangenehme Wahrheit, und es fällt oftmals sehr schwer, das wirklich sehen zu können. Doch die Veränderung beginnt bei dir, nicht bei den Herrschern dieser Welt, bei deinem Nachbarn oder bei deiner Kollegin. Für echten Frieden wird dir diese Einsicht wohl nicht erspart bleiben.

Dazu kommt ein weiteres, grundlegendes Verständnis: Wenn du aufhörst, an der Welt zu leiden, bedeutet das nicht automatisch, dass du damit aufhören musst, dich für Veränderung einzusetzen. Es besteht ein riesiger Unterschied darin, ob ich mich aufrege und wütend werde, weil die Dinge so sind, wie sie sind, oder ob ich Herausforderungen sehe und aufgrund eines Herzensbedürfnisses beschließe, dagegen etwas zu unternehmen. Und das dann auch tue. Für die Sache, nicht für mein Ego.

Um etwas zu verändern, muss man nicht wütend sein. Sondern entschlossen und hingebungsvoll.

120   Meine 26 EGOS und ICH

Affirmation:

»Es ist, wie es ist.
　　　Alles obliegt jederzeit der göttlichen Ordnung.«

»Ich bin liebenswert mit all meiner Vielfältigkeit.«

MEINE SELBST FORMULIERTE, STÄRKENDE AFFIRMATION

DER
PSEUDO-GLEICHMÜTIGE

Was für eine Gratwanderung! Ja, auch das ist eine der faszinierenden Seiten unserer Egos. Entschließt man sich dafür, eines fallen zu lassen, steht das nächste schon Gewehr bei Fuß, um seinen Platz einzunehmen.

Ein typisches Beispiel hierfür ist der Pseudo-Gleichmütige. Solltest du dich dafür entschieden haben, an deiner An-der-Welt-Erkrankten zu arbeiten und sie aufzugeben, ist der Pseudo-Gleichmütige sicherlich schneller da, als dir lieb ist. Denn hast du dich nicht für Gleichmut und Annahme entschieden? Also bitte, hier bin ich! Behauptet er zumindest.

Dieses Ego ist unter Menschen, die sich selbst gern als spirituell bezeichnen, recht weit verbreitet. In ihrer Hingabe zum Hier und Jetzt bemühen sie sich redlich, das, was ist, zu akzeptieren. Sie wissen so viel zu dem Thema, haben so viel darüber gelesen und werden nicht müde, das gebetsmühlenartig zu wiederholen.

Wer das Hier und Jetzt wahrhaftig akzeptieren kann, dem wird wahre Leichtigkeit und Lebensfreude zuteil. Dann gibt es aber auch noch

Meine 26 EGOS und ICH **123**

die Menschen, die das versuchen, aber dabei nicht erkennen, dass sie einmal mehr einem Ego aufsitzen.

DER NAME DEINES PSEUDO-GLEICHMÜTIGEN/
DEINER PSEUDO-GLEICHMÜTIGEN

CHARAKTERISTIK
»Alles ist in Ordnung, so, wie es ist.«

Das ist eine Einstellung, die zu tiefer, innerer Ruhe führt, zweifelsohne. Doch diese Spezies der Gattung »spirituelle Egos« hat diesen Satz zwar im Kopf, im Inneren sieht es aber anders aus. Da brodelt es. Da sind Wut, Angst, Frust und dieser Dinge mehr. Da der Spirituelle aber nun mal weiß, dass man immer nur seine eigenen Probleme auf die anderen projiziert, und er auch die Ursprünge dieser negativen Emotionen kennt, werden sie nicht ausgelebt, sondern mit einem Pseudo-Gleichmut unterdrückt. Denn es wäre ja lächerlich, Wasser zu predigen und Wein zu trinken. Damit würde man sich vor allen anderen zum Affen machen. Unglaubwürdig.

Dabei ist es gerade die absolute Authentizität, die aus »unglaubwürdig« »glaubwürdig« macht.

Kennst du das von dir? Du hast eine feste Meinung zu etwas, glaubst an dein Wissen und predigst es anderen. Dann kommen aber Momente, in denen du merkst, dass du deine eigenen Versprechen an die Welt nicht halten kannst.

WAS MACHT DAS MIT DIR?

SEINE EXISTENZGRUNDLAGE

»Ich möchte gern besser sein, als ich bin.«
»Du bist so unkontrolliert!«
»Sei nicht so unbeherrscht!«
»Ja klar, mir was von Nächstenliebe erzählen, mich aber gleichzeitig angiften. Das ist ja mal wieder typisch!«

Es gibt verschiedene Gründe, warum Menschen nicht zu ihren wahren Gefühlen stehen können. Der Pseudo-Gleichmütige verbietet sich jegliche negative Emotion, weil sie in seinen Augen ein Zeichen von Unreife wäre. Und er will doch besser sein als all die Unbewussten! Er steht doch schon über den anderen und allen Dingen. Erzählt er sich selbst. Und manchmal eben auch anderen.

Einmal mehr liegt diesem Verhalten eine tiefe Verunsicherung zugrunde. Was, wenn ich einfach so bin, wie ich bin? Mit allem? Nicht nur als Sonnenscheinkind, sondern als Wüterich, als Unleidige, als lamentierender Kauz? Kann ich mich so, wie ich bin, der Welt zumuten? Oder halte ich mich überhaupt selbst so aus? Wo ich doch tief in meinem Inneren glaube, nur als Reifer, Weiser, Gute-Laune-Macher liebenswert zu sein?

Andere Pseudo-Gleichmütige tragen ihren Pseudo-Gleichmut wie ein Schutzschild mit sich herum. Nach außen cool wirkend, verbergen sie damit ihre eigene Verletzlichkeit. »Den kann nichts erschüttern« oder »Den lässt alles kalt.« So mag das nach außen wirken. In Wahrheit wurde er längst schon erschüttert. Oder kocht innerlich. Dass er es aber nach außen nicht zeigt, hat seine Gründe. Und keiner dieser Gründe war zum Zeitpunkt der Entstehung des Pseudo-Gleichmütigen angenehm.

Stell dir einmal vor, du erzählst seit Jahren anderen, dass Wut etwas Schlechtes, Zerstörerisches ist. Du hast immer und immer wieder gepredigt, dass man die Wut nicht leben soll, sondern sich stattdessen ganz auf die Liebe konzentrieren muss. Und nun merkst du, vielleicht sogar zum ersten Mal, wie viel Wut in dir selbst ist. Dass du im Grunde all die Jahre nur ein schlummernder Vulkan warst, der die Wut bei anderen gesehen hat, weil sie Spiegel deiner eigenen unterdrückten Wut waren. Meinst du, du kannst es dir erlauben, jetzt vor all deinen Belehrten genau das zu zeigen und zu leben?

BESCHREIBE SO GENAU WIE MÖGLICH, WAS DIR BEI DIESER VORSTELLUNG DURCH DEN KOPF GEHT. ODER NOCH BESSER: WAS DU FÜHLST!

DAS ENDE DES PSEUDO-GLEICHMÜTIGEN

Je nach Ursprung tobt er natürlich anders. Bei denjenigen, die besonders inspirierend wirken wollen, könnte das Geschrei in etwa so lauten:

»Wenn ich aufhöre, so zu sein, wie ich bin, bin ich keinen Funken besser als all diese Unbewussten, die da draußen umherirren! Dabei bin ich auf der Bewusstseinsskala schon so weit oben! Ich werde weiterhin ganz viele kluge Sachen lesen und große Meister wie den Dalai Lama zitieren! Das bringt Anerkennung und Respekt. Am besten tu ich einfach so, als wäre ich schon erleuchtet. Das merkt von den Armleuchtern eh keiner. Shanti om!«

Ist der »Wirt« des Pseudo-Gleichmütigen ein Mensch, der mit seiner vermeintlichen Indifferenz alles und jedem gegenüber nur seinen eigenen Schmerz verbergen will, schimpft das Ego vermutlich ein wenig anders:

»Wenn ich einfach mal total ausflippen würde, dann würden alle sehen und erkennen, wie es in Wahrheit in mir aussieht. Dass mir eben nicht alles egal ist. Denn wenn es mir egal wäre, würde es tief in mir ja wohl nicht so weh tun, oder? Besser nach außen weiterhin cool und gelassen wirken! Ohne diesen Schutz trampeln alle wieder auf mir herum und verletzen mich! Ich will keinesfalls diesen Schmerz zurück. So bin ich auf der sicheren Seite!«

Mein Worst-Case-Szenario
Stell dir vor, du würdest dir erlauben, alle Gefühle, die in diesem Moment wirklich da sind, zuzulassen. Stell dir vor, du würdest ihnen Raum geben, sich zu entfalten. Und

Meine 26 EGOS und ICH

dann vielleicht anfangen zu schreien. Zu toben. Anderen wissentlich ungerechte Vorwürfe zu machen. Sie anzuschreien. Zu weinen, zu kreischen und zu wüten.

WAS WÄREN DEINER MEINUNG NACH DIE KONSEQUENZEN, MIT DENEN DU SCHLIMMSTENFALLS DANN LEBEN MÜSSTEST?

WAS ICH VON MEINEM PSEUDO-GLEICHMÜTIGEN HABE

Er verdeutlicht das Ziel, das wir alle anstreben können:

Im Frieden sein mit uns selbst und mit Gleichmut akzeptieren, was ist.

ECHTE VARIANTE DES PSEUDO-GLEICHMÜTIGEN

Fällt die Verzerrung weg, bleibt Folgendes stehen:

Der Gleichmütige. Der, der mutig zu sich steht, ganz gleich, in was für einer Situation er auch gerade ist.

WIE DU DEN PSEUDO-GLEICHMÜTIGEN ÜBERWINDEST

Erkenne die Angst in dir, auch nicht besser zu sein als die anderen. Warum glaubst du, dich als ein leuchtendes Beispiel von anderen abheben zu müssen? Warum meinst du überhaupt, dich abheben zu müssen? Der Drang, besser zu sein als die anderen, ist stark. Letztlich ist dieses Verhalten eine andere Variante der Perfektionistin, nur in einem anderen Kontext.

Mach dir klar, dass du dich mit deinem vermeintlichen Schutzschild der Pseudo-Gleichmut selbst ständig verletzt. Weil du dich von deinen wahren Gefühlen abschneidest. Du meinst, dich vor anderen schützen zu müssen. In Wahrheit aber tust du dir dadurch selbst weh. Denn so, wie du bist, bist du wunderbar. Gib anderen die Chance, dich so zu lieben, wie du bist! Indem du dich selbst annimmst, wie du bist.

Affirmation:

»Ich erlaube mir, meine wahren Gefühle zum Ausdruck zu bringen.«

MEINE SELBST FORMULIERTE, STÄRKENDE AFFIRMATION

DIE ROMANTIKERIN

An den Überlebenskampf meiner Romantikerin kann ich mich nur zu gut erinnern. Ein heftiger Moment! Ich meditierte im Rahmen eines Vipassana-Kurses (den ich nicht oft genug empfehlen kann). Und in dieser äußeren Stille hat es mich innerlich und auch körperlich enorm durchgeschüttelt.

Ich bin aufgewachsen in einer Welt mit Barbie und Ken, Julia Roberts und Richard Gere und der Band Mr. Big, die mir in mein wundes Teenie-Herz »I'm the one who wants to be with you« geträufelt hat. Als Kind habe ich Märchen verschlungen, die allesamt mit der Hochzeit der Prinzessin und ihrem Traumprinzen endeten. Samt goldüberfluteten Königreichen. Jeder Film, den ich im Fernsehen sah, drehte sich entweder um das Suchen und Finden der Liebe (mit zu 98 Prozent garantiertem Happy End) oder um attraktive Action-Helden wie James Bond, die aber zwischendurch mindestens eine Liebesaffäre hatten. Mit einer wahnsinnig gut aussehenden Frau mit Modelfigur natürlich. Dazu gehörten auch noch weitere, unterschwellig oder explizit verknüpfte Botschaften in Sachen Liebe, die da lauten:

- Der Mann ist älter oder wenigstens gleich alt wie die Frau.
- Idealerweise hat er viel Geld und erfüllt der Liebe seines Lebens damit all ihre Wünsche.

Meine 26 EGOS und ICH

Der Mann ist größer als die Frau, um mindestens so viel, dass sie High Heels tragen kann und beide dann maximal gleich groß sind. (Darum waren Tom Cruise und Nicole Kidman ja so ein komischer Anblick!)

Wahre Liebe ist, sich in wahnsinnig tollen Kleidungsstücken am Traualtar in die Augen zu sehen. Mit wahnsinnig tollen Freunden auf einer wahnsinnig tollen Party zu sein, die wahnsinnig viel Geld kosten muss, was aber keinen dieser Wahnsinnigen interessiert. Weil eben wahnsinnig viel Geld da ist.

Das, was man zu Hause erlebt, ist demzufolge keine Liebe. Eltern sind ätzend und peinlich, haben Auseinandersetzungen und müssen einen infolge einer unbefleckten Empfängnis bekommen haben. Denn die beiden sind Lichtjahre von dem entfernt, was man als sexuell würdig bezeichnen würde. Sex haben, sagt das Fernsehen, nur junge, attraktive und stylishe Menschen.

Liebe bedeutet Harmonie und siebter Himmel. In der Welt der Hollywoodfilme streitet das Paar nur VOR der Hochzeit. Und auch nur, weil sie rumzicken (damit der Film eine Handlung hat). Sobald sie sich dann erst einmal gekriegt haben, ist alles eitel Sonnenschein. Konfliktbewältigung? Wozu? Darum wollte ja auch niemand eine Fortsetzung von »Pretty Woman«. Der Film war rund, perfekt und wundervoll. Niemand will wissen, wie diese Beziehung fünf Jahre später im Alltag aussehen könnte.

Ja, von allen Egos, die wir haben, ist die Romantikerin wohl eines der am besten genährten in unserer Gesellschaft. Während die Heirat vor zweihundert Jahren noch eine durchdachte Sache war, wurde sie im 20. Jahrhundert auf einmal zum Inbegriff, zur Krönung einer romantischen Liebe. »Du und ich, für immer!« Am besten gegen den Rest der Welt, komme, was da wolle.

Allein die Scheidung oder der Tod kann dem dann noch ein Ende setzen.

DER NAME DEINER ROMANTIKERIN/DEINES ROMANTIKERS

CHARAKTERISTIK

Wie bereits aufgeführt, erzählt uns die Romantikerin, dass es sie gibt, die eine, die große Liebe. Die Allgemeinheit träumt dabei von der Traumfrau oder dem Traummann; spirituell Weiterentwickelte lösen sich von dieser weltlichen Vorstellung und wenden sich lieber dem Seelenpartner zu, der Zwillingsflamme, dem Yin oder Yang. Dabei merken sie nicht, dass beide Gruppen letztlich genau das Gleiche suchen.

Betitle es, wie du es willst, und benenne die Motive wie auch immer: Tief im Herzen brennt die Sehnsucht danach, nicht mehr allein den Stürmen des Lebens trotzen zu müssen, sondern endlich den passenden Partner oder die passende Partnerin an seiner Seite zu haben.

Wobei »passend« bedeutet: Der/die andere liebt uns genau so, wie wir sind. Wir lieben ihn/sie umgekehrt auch, vor allem, weil es an ihm/ihr nichts auszusetzen gibt.

Und die Romantikerin wird nicht müde, uns wieder und wieder zu erzählen, dass es sie gibt, diese eine, erfüllende Liebe. Mitunter verleitet sie uns dann auch dazu, solide Partnerschaften aufzugeben, weil sie von diesem Kribbeln träumt. Sie erzählt uns, dass Liebe wundervoll, erfüllend und bezaubernd ist. Liebe ist unanzweifelbar. Immer aufregend und neu. So wie in den Hunderten von Filmen eben, die die Romantikerin gesehen hat und von denen sie sich ernährt.

So wird die Romantikerin mit jedem Liebesfilm dicker und dicker und macht sich immer mehr Platz in unserem Unterbewusstsein. Und je größer und mächtiger und fordernder sie wird, desto mehr schrumpft unsere Bereitschaft, uns mit weniger zu begnügen als dem, was zu hundert Prozent ihrem Ideal entspricht.

Eines aber zeichnet die Romantikerin auf ganz besondere Weise aus. Bei diesem ganzen Fordern nach erfüllter Liebe geht es ihr letztlich immer nur darum, geliebt zu werden. In aller Regel macht sich die Romantikerin wenig Gedanken darüber, wie sie einem anderen Menschen ihre aufrichtige Liebe schenken kann. Nein, sie will geliebt werden. Sie will Blumensträuße und Liebesschwüre, Heiratsanträge und tiefe Blicke. Was sie selbst tun kann, um einen anderen Menschen so zu lieben, wie sie selbst geliebt werden will, darüber macht sie sich herzlich wenig Gedanken. Das ist die Romantikerin.

UND WAS ZEICHNET DEINE ROMANTIKERIN AUS?
WIE WÜRDE SIE GERN GELIEBT WERDEN?
WIE SIEHT IHRER MEINUNG NACH DIE WAHRE LIEBE AUS?

IHRE EXISTENZGRUNDLAGE
»Ich sehne mich so sehr danach, bedingungslos geliebt zu werden!«

Neben dem bereits angesprochenen Nährboden aus Film- und Liedmaterial, mit dem wir es permanent zutun haben, brennt in beinahe jedem menschlichen Herzen die tiefe Sehnsucht danach, geliebt zu werden. »Aber du wirst doch geliebt!«, können andere der Romantikerin nun erzählen. Ja, das mag schon sein. Aber eben nicht SO.

Was ist dieses SO? Wir sehnen uns nicht nur danach, überhaupt geliebt zu werden, sondern bedingungslos. So, wie wir sind. Wir wollen gesehen, verstanden, angenommen, gelobt und berührt werden. Wir wünschen uns so sehr, dass es da jemanden gibt, der alle unsere Licht- und Schattenseiten kennt, besser als wir selbst, und der uns liebt. Nicht nur trotz, sondern gerade aufgrund unserer Fehler. Wir suchen jemanden, der uns in unserer Ganzheit erkennt und uns liebt. Bedingungslos.

Die Anzahl der Menschen, die wirklich bedingungslos von ihren Eltern oder Erziehungsberechtigten geliebt und aufgezogen werden, kann man wohl an wenigen Händen abzählen. Woran liegt das, wo doch so viele Eltern beteuern, ihre Kinder bedingungslos zu lieben? Und das womöglich auch noch glauben? Ich zweifle damit nicht an, dass Eltern prinzipiell ihr Allerbestes geben. Davon gehe ich sogar aus. Nur kopieren wir unbewusst Verhaltensmuster, die wir erlernt haben, aufgrund fehlender Reflexion aber nicht als manipulativ, demütigend, missachtend usw. erkennen.

Wie soll ein Mensch, der nie erfahren hat, wie es sich anfühlt, bedingungslos geliebt zu werden, es selbst können? Das schaffen nur wenige. Mögen es in Zukunft viele mehr sein! Denn diese Liebe ist in meinen Augen die einzige, die diesen Namen wirklich verdient. Alles andere sind kurze Hormonschübe oder Glaubenskonstrukte, die uns suggerieren, zu lieben oder geliebt zu werden.

Elterliche Liebe, die erste, die wir hier auf dieser Welt erfahren, ist über alle Maßen prägend. Und unsere Eltern tun alles, was in ihrer Macht steht. Sie meinen, bedingungslos zu lieben. Und stoßen doch oft an ihre Grenzen. Nein, das ist kein Vorwurf an Eltern. Es gibt nichts vorzuwerfen. Gleichzeitig muss man auch nichts vortäuschen. Denn wer sein Kind aufrichtig liebt, wird dazu bereit sein, an sich zu arbeiten.

Wenn man beispielsweise glaubt, das eigene Kind brauche therapeutische Unterstützung oder es sei schwierig, sollte zumindest darüber nachdenken, ob man nicht selbst (auch) diese Unterstützung benötigt.

Und wenn du als Elternteil das hier liest und dich furchtbar darüber aufregst, dann habe ich wohl einen wunden Punkt getroffen. Über etwas anderes als wunde Punkte würdest du dich nämlich gar nicht erst aufregen. Glückwunsch! Denn diesen wunden Punkt zu spüren, ist der erste Schritt, um ihn heilen zu können.

Ach herrje. Jetzt sind wir von der romantischen Liebe zu so etwas Unromantischem wie den eigenen Eltern hingewandert. Tja, beim Egoentlarven geht man manchmal eben andere Wege als gedacht.

Kennst du sie auch, diese tiefe Sehnsucht danach, bedingungslos geliebt und angenommen zu werden? Wann spürst du diese Sehnsucht am meisten?

BESCHREIBE SO GENAU WIE MÖGLICH!

DAS ENDE DER ROMANTIKERIN

Wie bereits angesprochen, ist mir dieser Kampf sehr lebhaft in Erinnerung.

»Wenn ich von meinen romantischen Vorstellungen ablasse, dann werde ich nie den richtigen Partner finden! Wie will ich ihn denn erschaffen, ohne eine klare Vorstellung von ihm zu haben? Ich wäre total aufgeschmissen. Ich glaube, ich komme allein zurecht? Bitteschön. Dann bleibe ich eben allein! Oh Gott, dann werde ich mich irgendwann total einsam fühlen. Jetzt nicht, aber irgendwann bestimmt! Meine romantischen Ideen loszulassen, das werde ich dermaßen bereuen. Allein, verbittert und einsam werde ich an meine romantischen Ideen zurückdenken. Und es bereuen, bereuen, bereuen, sie aufgegeben zu haben!«

Das hat sie mir als Single zugerufen. Doch sie führt diesen Kampf nicht nur bei Menschen ohne festen Partner auf. Nein, auch Vergebene können davon bestimmt ein Liedchen singen.

Mein Worst-Case-Szenario
Stell dir vor, du lässt alle Ideen und Vorstellungen davon los, wie eine Liebesbeziehung auszusehen hat. Vollständig. Du erwartest von deinem Partner gar nichts mehr.
Und noch schlimmer: Du bist ab sofort bereit, alles zu geben. Ohne dafür etwas zu bekommen.

WAS KOMMT DA IN DIR HOCH? BESCHREIBE DEINEN PROTEST UND DEINE GEFÜHLE SO GENAU WIE MÖGLICH!

WAS ICH VON MEINER ROMANTIKERIN HABE

Sie ist eben genau das: eine hoffnungslose (statt hoffnungsvolle) Romantikerin. Man kann ihr deswegen nicht wirklich böse sein. Auch schadet es nicht, wenn sie die Wohnung mit unzähligen Kerzen und Rosenblättern dekoriert. Denn Ambiente erschaffen, das kann sie wirklich!

ECHTE VARIANTE DER ROMANTIKERIN

Fällt die Verzerrung weg, bleibt Folgendes stehen:

Die Liebende. Die, die bereit ist, ihre ganze Liebe zu geben und sich ganz und gar in dieser Hingabe aufzulösen.

WIE DU DIE ROMANTIKERIN ÜBERWINDEST

Ich war im Wald spazieren. Für mich ist das einer der inspirierendsten Orte überhaupt. Und ja, ich bin eine dieser »Verrückten« (für mich: Normalen), die mit Bäumen kommunizieren. Die Antworten von Bäumen sind die klarsten überhaupt.

Jedenfalls stand ich, von meiner lieben Romantikerin gebeutelt, mitten im Wald und fragte mich seufzend, was ich denn tun könne, um die Liebesbeziehung führen zu können, die mir so vorschwebte. Da kam sie, die Antwort. Und ich sags ganz ehrlich: Meiner Romantikerin hat sie gar nicht gefallen! Sie lautete:

Meine 26 EGOS und ICH **139**

»Du willst bedingungslos geliebt werden? Dann lerne erst einmal, diese Liebe zu geben!«

Hm, ja. Gut. Da gibt es nicht viel hinzuzufügen. Auch hier gilt wohl das alte Prinzip: Was du säst, wirst du ernten.
Absolut logisch. Nur: Der Romantikerin wäre dieser Gedanke gar nicht erst gekommen, so viel steht fest. Denn sie will ernten. Erst mal. Und wenn die Ernte befriedigend war, ist sie bereit, auch ein bisschen was zu geben. Falls sie Liebe gibt und nichts zurückbekommt, wird sie sauer. Traurig. Wütend. Alles mögliche eben. Dann »hat dieser Mistkerl mich gar nicht verdient« oder »Was glaubt dieser Idiot eigentlich, wer er ist?« Der »Mistkerl« und der »Idiot« waren übrigens bis vor Kurzem noch die begehrten Liebesobjekte, mit denen man den Rest seines träumerischen Lebens verbringen wollte. So schnell kanns gehen, zumindest in der Welt unserer Ego-Romantikerin.

Darum lautet, ganz richtig, das einzig wahre Heilmittel: Lerne lieben! Lerne, dich selbst zu lieben, dir alles zu geben, dich anzunehmen, so, wie du bist! Lerne, dich voll und ganz zu erfüllen, sodass du niemanden mehr brauchst! Und lerne, diese Liebe auch anderen zu schenken, nicht nur attraktiven Menschen, mit denen du auch gern Sex hättest. Sondern jedem Menschen, der dir begegnet.

Wer Liebe sät, wird Liebe ernten. Und merken, dass Liebe so viel mehr ist als »und sie lebten glücklich bis an ihr Lebensende«.

PS: Ich habe auf die Bäume gehört. Und es hat sich mehr als gelohnt!

Affirmation:

»Ich öffne mich der wahren Liebe und bin bereit, sie mir selbst und anderen zu schenken. Bedingungslos.«

MEINE SELBST FORMULIERTE, STÄRKENDE AFFIRMATION

DIE MOTZE

Der Kaffee ist zu heiß? Das Wetter zu kalt? Die Nachbarn zu laut oder die neue Musikanlage zu leise?

Ganz egal, was es ist: Die Motze wird immer etwas finden, was ihr nicht passt und woran sie etwas auszusetzen hat!

DER NAME DEINER MOTZE/DEINES MOTZERS

CHARAKTERISTIK

Dieses Ego schreit vorwiegend eines: Die Welt ist so, wie sie ist, nicht in Ordnung! Damit zeigt sie ihre enge Verwandtschaft mit der Ander-Welt-Erkrankten. Allerdings leidet die Motze weniger für den vermeintlichen Weltfrieden. Nein, hier geht es um Ungerechtigkeiten und Unzulänglichkeiten, die ihr eigenes Leben betreffen.

Die Motze ist frustriert und verärgert, weil die Dinge nicht so laufen, wie sie es gern hätte. Weil die Welt gegen sie zu sein scheint. Und sie glaubt, ihre eigenen Wünsche und Bedürfnisse nun mit Krallen und Klauen verteidigen zu müssen. Eine ihrer beliebtesten Waffen ist dabei ihr Mundwerk. Denn all diesen negativen Emotionen und Gedanken muss Luft gemacht werden. So kommt es zu verbalen Attacken, Beschwerden, Geschrei und vielem mehr. Hotline-Mitarbeiter dürften die Motze zur Genüge kennen.

In welchen Situationen regst du dich über etwas auf? Was passt dir nicht, was soll anders laufen? Wann ist die Welt ungerecht, weil sie dir dieses oder jenes nicht gönnt? Ist deine Motze nur auf das Wetter beschränkt, oder meldet sie sich auch bei anderen Themen zu Wort?

ANALYSIERE DICH EINMAL GRUNDEHRLICH!

IHRE EXISTENZGRUNDLAGE

»Alle kriegen immer mehr als ich!«
»Nie nimmt jemand auf mich Rücksicht!«
»Das ist alles so unfair!«
»Das kann ich mir doch nicht gefallen lassen!«
»Auf der Welt ist alles total ungerecht verteilt.«

Einer der Nährböden der Motze ist ihre verzerrte Weltsicht. Dieser liegt die Vorstellung zugrunde, dass es eine Weltordnung geben sollte, in der alles gerechter zugeht. In Bezug auf ihren Anteil am großen Ganzen, versteht sich. Die Motze leidet zutiefst darunter, dass sie angeblich zu kurz kommt. Doch was genau bedeutet »zu kurz«?

Diese Denkhaltung entspringt dem, was typisch für die Motze ist: Sie vergleicht. Unaufhörlich. Und zwar auf eine Weise, die zwangsweise unglücklich machen muss. Statt sich mit Menschen zu vergleichen, die weniger haben, denen es schlechter geht, die kränker sind usw., vergleicht sie sich immer mit denen, die vermeintlich mehr haben, mehr Geld, mehr Status, mehr Privilegien. Solange die Motze daran festhält, dass alles so ungerecht zugeht und sie immer den Kürzeren zieht, wirst du aus deinem Sumpf von Frust und negativer Weltanschauung nicht herauskommen.

Die Idee, schlechter abzuschneiden, ist der Motze aus frühesten Jahren wohlbekannt. Häufig ist das Umfeld, in dem sie aufgewachsen ist, ihr eigentlicher Ursprung. Eltern, die selbst Neid gegenüber anderen Menschen verspüren, oder generell eine missgünstige Umgebung schüren das Gefühl in einem Kind, benachteiligt zu sein. Ein anderer Faktor ist sicherlich auch die Geschwisterkonstellation oder die eigene Position in den ersten Freundeskreisen.

Außerdem schmerzt die Denkhaltung, dass etwas anders sein sollte, als es ist.

Nimm dir einen Moment Zeit, und gehe in dich. Ruf dir eine Situation vor Augen, in der du deiner Meinung nach viel zu schlecht abgeschnitten und dich darüber aufgeregt hast. Oder als du dich zum letzten Mal bei irgendjemandem beschwert

hast. Spür diesen Gefühlen nach, und lass Bilder in dir aufsteigen, um zu erfahren, worum es hierbei wirklich geht.

SEI OFFEN FÜR ALLES, WAS SICH ZEIGT,
UND SCHREIB ES AUF.

DAS ENDE DER MOTZE

Die Motze wäre nicht die Motze, wenn sie nicht auch hier – na was wohl? – eben kräftig motzen würde!

»Das kann ja wohl nicht sein, dass ich mich ändern soll! Klar, natürlich, ich. Weil es angeblich an mir liegt und nicht an den anderen. So ein Unsinn! Mal ehrlich, überall kriegt jeder Depp alles nachgetragen. Mit jedem meint es das Schicksal gut, außer mit mir! Wenn ich aufhöre, mich zu beschweren, kriege ich gar nichts mehr. Und dieses Eso-Gefasel, dass jedem ohnehin zufällt, was ihm zufallen soll, glaube ich doch sowieso nicht. Ich bekomme maximal das, was ich für mich einfordere.«

Die Motze wird alles tun, um dich nicht zum stoischen Seneca werden zu lassen. Denn die bedingungslose Akzeptanz dessen, was ist, ist gegen ihre Natur. Sie will rebellieren, sie will sich beschweren, sie will motzen. Was soll sie auch sonst tun? So ist sie nun einmal. Doch dich stürzt das zutiefst in Unfrieden. Es kostet dich Unmengen an Kraft. Willst du das wirklich noch länger?

Mein Worst-Case-Szenario

Stell dir einmal vor, du beschwerst dich ab heute über gar nichts und niemanden mehr. Du fängst an, alles einfach sein zu lassen, was und wie es ist. Und stell dir vor, dass nun dadurch, dass du die Füße stillhältst, alle um dich herum ab sofort mehr haben. Wichtiger sind, reicher, schöner, begehrter.

WAS KOMMT DA ALLES IN DIR HOCH?
UND WIE GEHT DEIN LEBEN WEITER, ALS EWIG LETZTE?
BEDEUTET DAS WIRKLICH DEIN ENDE?

WAS ICH VON MEINER MOTZE HABE

Dieses Ego hat natürlich, wie alle anderen, auch sein Gutes. Wollen wir mal nicht zu motzig mit ihr sein. Sie erinnert uns daran, dass wir es sehr wohl verdienen, das Beste für uns zu beanspruchen. Dass wir es verdienen, in Wohlstand und Gesundheit zu leben. Dass wir die Nummer eins sein dürfen in unserem Leben und in unserer Welt.

Außerdem darf man durchaus ein paar Verbesserungsimpulse für die Welt anbringen. Nur müssen sie nicht motzend hervorgebracht werden. Der Ton macht ja letztlich die Musik.

ECHTE VARIANTE DER MOTZE

Fällt die Verzerrung weg, bleibt Folgendes stehen:

Die Genießerin. Sie liebt das Leben mit allem, was es bietet. Und sie erfreut sich an dem, was das Leben ihr schenkt. Wobei das stets das Beste ist.

WIE DU DIE MOTZE ÜBERWINDEST

Mach dir klar, dass du einen Kampf gegen Windmühlen führst. Dich über etwas aufzuregen, was war, verändert die Vergangenheit nicht. Dich darüber aufzuregen, wie schlecht das Wetter ist, ändert nicht die Wetterlage. Darüber zu klagen, dass der Müller eine Gehaltserhöhung bekommen hat und du nicht, wird den Chef nicht dazu bringen, dir auch eine zu geben.

Egal, gegen wen du mit deinen Beschwerden zu kämpfen glaubst: Letztlich führst du nur einen Kampf gegen dich selbst. Denn die Motze ist eine Energiefresserin. Zorn, Wut, Neid, Auflehnung – all das kostet immense Kraft. Kraft, die du für dich nutzen könntest, indem du analysierst, wie es zu diesen negativen Emotionen kommen konnte, und dir klar machst, wie du dein Leben ab sofort anders gestalten kannst, damit die gewünschten Ergebnisse kommen. Die Motze ist hochgradig selbstzerstörerisch. Warum willst du dir noch länger selbst so viel Schmerz zufügen?

Außerdem bedeutet das Aufgeben der Motze nicht, dass du bedingungslos und mit einem Lächeln alles schlucken musst, was dir begegnet. Das behauptet das Ego zwar, hat aber nichts mit der Wirklichkeit zu tun. Es geht vielmehr um ein Bewusstsein dafür, warum die Dinge noch nicht so sind, wie du sie gern hättest. Ein Bewusstsein dafür, was du tun kannst, dass sich das in Zukunft ändert. Ja, du. Nicht die anderen. Und du darfst auch lernen, deinen Unmut auf liebevolle Weise zu äußern. Die Motze erzählt dir, dass du mit diesem Gesäusel nicht weit kommst. Aber hast du denn schon einmal versucht, dich freundlich zu beschweren? Verständnis für dein Gegenüber zu haben? Hast du schon einmal erlebt, dass die Liebe und ein offenes Herz viel machtvoller sind als Zorn und Aggression? Falls nicht, dann gib dieser Erfahrung doch mal eine Chance. Und erlebe, wie viel besser du dich dabei fühlst. Sogar dann, wenn dein Gegenüber es deiner Meinung nach gar nicht verdient hat, dass du freundlich zu ihm bist. Tu es einfach für dich. Denn du hast diese Liebe doch in jedem Fall verdient, oder?

Affirmation:

»Ich nehme in Liebe und Dankbarkeit an, was ist. Ich erlaube mir ab sofort, in allem das Beste für mich zu erkennen.«

MEINE SELBST FORMULIERTE, STÄRKENDE AFFIRMATION

DIE SUPERUNABHÄNGIGE

Angie war einfach der Inbegriff von Selbstständigkeit. Schon als Kind machte sie ihre Hausaufgaben immer ohne fremde Hilfe. Wozu die Mama neben sich sitzen haben? Sie konnte das auch alles allein. Und wurde dafür gelobt. Heute ist sie sogar von der Selbstständigen zur Unternehmerin aufgestiegen. Fünf Angestellte, Tendenz steigend. Sie verdient ihr eigenes Geld, hat ihre eigene Wohnung, verreist auch schon mal allein und zeigt der ganzen Welt, dass dieser Beziehungswahn eine völlige Illusion ist. Man kann auch prima ohne andere glücklich sein.

Sagt sie. Doch als Angie mir das alles erzählt, schwingt in ihrer Stimme etwas mit. Sie erzählt von ihren Leben, als müsse sie mir beweisen, dass das auch alles stimme, was sie mir (sich selbst?) da so erzählt. Sie ist am liebsten Single, und auch der Freundeskreis ist »fein ausgewählt«. Heißt übersetzt: sehr klein. Vor lauter Unabhängigkeitsbestreben und Karriere kommt sie einfach nicht dazu, Beziehungen zu vertiefen. Außerdem braucht sie keine Kinder.

Das ist auch alles so in Ordnung. Wenn Angie nicht eben doch tief in sich spüren würde, dass irgendein Teil dieser Geschichte so nicht ganz richtig ist.

Meine 26 EGOS und ICH **151**

DER NAME DEINER SUPERUNABHÄNGIGEN/ DEINES SUPERUNABHÄNGIGEN

CHARAKTERISTIK

Superwoman. Sie braucht nichts und niemanden auf dieser Welt. Wo andere in Beziehungsmustern festhängen, ist sie frei, unabhängig, der Inbegriff von Selbstständigkeit. Ihre Unabhängigkeit von allem und jedem ist das, was sie antreibt. Die Vorstellung, etwas von ihrer Freiheit einzubüßen, Rücksicht nehmen zu müssen oder gar in eine Abhängigkeit zu geraten, löst bei ihr Schweißausbrüche, fast schon Panik, aus. Sie kann alles selbst und braucht niemanden. Denn sie ist die Superunabhängige.

Beinahe zwanghaft kann dieses Verhalten wirken. Denn die Superunabhängige glaubt, um ihre Freiheit kämpfen zu müssen. Es gilt, sie zu verteidigen. Hinter jeder Ecke scheint jemand zu lauern, der sie ihr abluchsen will, in welcher Form auch immer. Lebenspartner? Schwierig. In Beziehungen muss man Kompromisse eingehen, und das bedeutet Freiraumeinbußen. Kinder? Oh Gott, ein Klotz am Bein für mindestens 20 Jahre. In einer WG leben? Bedeutet viel Rücksichtnahme. Die Superunabhängige erkennt nicht, dass es nur einen Menschen gibt, der über ihre (Un-)Freiheit entscheidet, und das ist sie selbst. So wird das andauernde Behaupten ihrer autonomen Stellung zu einem energieraubenden Kampf gegen sich selbst.

Was sie sich (und anderen) dabei als Selbstliebe verkauft, ist im Grunde der Versuch, ihre tiefen Sehnsüchte verborgen zu halten, weil sie Angst davor hat, ihre Identität zu verlieren. So sind Egos nun mal.

In welchen Situationen meinst du, deine Freiheit, deine Rechte anderen gegenüber behaupten zu müssen? Wo fällt es dir schwer, Abstriche zu machen? Fühlst du dich unabhängig, oder hast du das Bedürfnis, deine Unabhängigkeit ständig betonen und für sie kämpfen zu müssen?

ANALYSIERE DICH EINMAL GRÜNDLICH!

IHRE EXISTENZGRUNDLAGE

»Beziehungen schaffen Abhängigkeiten und machen unfrei.«
»Ein Mangel an Freiheit macht mich unglücklich.«

Diese Sätze sind wahr, denkst du?
Mag sein. Mag sein, dass sie in deiner Welt wahr sind. Was diesem Glauben zugrunde liegt, ist die Annahme, dass Freiheit etwas ist, dass man sich erarbeiten oder zumindest erhalten muss. In Wahrheit bist du in jedem Moment frei. Und du kannst dich immer entscheiden, andere Wege zu gehen. Auch ohne Geld. Auch mit Kindern. Auch mit einer Krankheit (oder gerade deswegen). Was immer du darüber zu wissen glaubst: Wenn du es wirklich willst, wirst du feststellen, dass es bereits Menschen

gibt, jetzt oder in der Vergangenheit, die in derselben vermeintlichen Zwickmühle steckten und die es auch geschafft haben, sich daraus zu befreien. Ganz einfach deshalb, weil es nichts zu befreien gab.

Der Grundgedanke, dass es so etwas wie Unfreiheit überhaupt gibt, ist der Nährboden für die Angst, die eigene Freiheit verlieren zu können. Daraus entsteht dieser Kampf.

Dazu kommt das Bedürfnis, sich vor sich selbst und vor anderen für die eigene Lebensweise zu rechtfertigen. So wird die Unabhängigkeit nicht einfach gelebt, sondern immer wieder betont. Warum? Dahinter steckt die Angst, dafür kritisiert zu werden. Auch eine wunderbare Grundlage für unser Ego der Superunabhängigen.

Verteidigst du deine Lebensweise oft vor anderen? Erklärst du ständig, warum du etwas tust? Glaubst du, dass es so etwas wie Unfreiheit gibt? Mach dir bewusst, was du in Bezug darauf und in Bezug auf dich und andere denkst!

SEI OFFEN FÜR ALLES, WAS SICH ZEIGT.

DAS ENDE DER SUPERUNABHÄNGIGEN

Da die Superunabhängige darauf fixiert ist, ihre geliebten Güter Freiheit und Unabhängigkeit permanent zu verteidigen, ist es natürlich

eine Herausforderung, sie loszulassen. Denn auch sie wird dir ordentlich was husten, wenn du dich dafür entscheidest, sie aufzugeben.

*»Ich will keinesfalls enden wie alle anderen! Wie sie alle erbärmlich darum
kämpfen, geliebt zu werden, und dabei sich selbst verraten! Ich hingegen
bin frei und unabhängig!*
*Will ich mich etwa wieder als Angestellte von anderen schikanieren lassen?
Will ich, dass mir jemand anderes sagt, was ich wann zu tun habe? Will ich
so sein wie meine ganzen Bekannten, die ständig jammern, was sie alles
wegen dem Partner/der Familie hintanstellen? Das ist so verachtenswert!
Ich hingegen bin frei und unabhängig. Und das gilt es zu verteidigen!«*

Mein Worst-Case-Szenario
**Stell dir einmal vor, wie es wäre, wenn du damit aufhören würdest, deine völlige
Unabhängigkeit zu verteidigen. Wenn du dich voll und ganz auf andere einlassen
würdest. Mal dir in bunten Farben aus, wie du all das aufgeben würdest, was dir
heute so heilig ist. Welche Gefühle kommen da in dir hoch?**

LASS SIE ZU, GIB IHNEN RAUM, UND BEOBACHTE SIE!

WAS ICH VON MEINER SUPERUNABHÄNGIGEN HABE
Im Kern hat sie ja recht. Jeder Mensch kann unabhängig sein, jeder
Mensch ist frei. Sie macht deutlich, dass Beziehungen oft dafür miss-

Meine 26 EGOS und ICH

braucht werden, die eigene Angst vor der Einsamkeit nicht spüren zu müssen. Auch ist sie selbstbewusst und glaubt an sich. Sie ist überzeugt, dass sie es aus eigener Kraft schaffen kann, ihr Leben zu meistern.

Wenngleich dies erkämpft statt genussvoll gelebt wird.

ECHTE VARIANTE DER SUPERUNABHÄNGIGEN

Fällt die Verzerrung weg, bleibt Folgendes stehen:

Die Unabhängige. Ein Mensch, der an sich glaubt, für seine Ideale einsteht und bereit ist, viel dafür zu geben. Ohne dafür einen Preis zahlen zu müssen.

WIE DU DIE SUPERUNABHÄNGIGE ÜBERWINDEST

Um Freiheit kämpfen zu müssen, ist nur eine Illusion.

Du kannst nicht frei werden. Du bist es bereits, schon immer gewesen. Nur DU legst dir Beschränkungen auf, niemand sonst. Wem willst du mit dieser aufgesetzten Unabhängigkeit etwas beweisen?

Mach dir die Motivation deines Handelns bewusst. Wofür glaubst du, kämpfen zu müssen. Und führe dir vor Augen, dass es sich dabei genau darum handelt, nämlich einen Glauben, einen Gedanken. Dieser

Gedanke ist es, der dich in Wahrheit unfrei macht. Lässt du ihn los, kannst du endlich das erleben, wonach du dich so sehnst. Und das völlig ohne Kampf.

Affirmation:

Ich bin in jedem Moment frei, Entscheidungen zu meinem höchsten Wohle zu treffen, im Einklang mit mir und mit allen anderen.«

MEINE SELBST FORMULIERTE, STÄRKENDE AFFIRMATION

DER DESILLUSIONATOR

»Pffft!«

Das könnte ein klassischer Laut sein, den der Desillusionator so von sich gibt.

Kennst du das? Du träumst davon, etwas Neues aufzuziehen. Dich vielleicht selbstständig zu machen. Oder dir das Kleid zu kaufen, von dem du schon so lange schwärmst und das wie für dich gemacht scheint. Oder da ist diese Frau, die dir so gut gefällt …

Was immer es auch ist: Der Desillusionator holt dich auf den vermeintlichen Boden der Tatsachen zurück. Gnadenlos. Und er flüstert nicht, sondern schreit dir ins Ohr: »Vergiss es!«

DER NAME DEINES DESILLUSIONATORS/
DEINER DESILLUSIONATORIN

CHARAKTERISTIK

Der Desillusionator hält nichts von Träumereien. Das ist etwas für … ja, eben: Träumer.

Träumer sind Menschen, die nichts auf die Reihe kriegen, glaubt er.

Außerdem findet er immer Gründe, warum Träume völlig unrealistisch sind und nicht machbar. Falls doch, dann bestimmt von jemand anderem, aber nicht von dir, nicht jetzt, nicht hier. Man könnte ihn auch Spielverderber nennen. Denn daran, dass das Leben ein Spiel ist, an dem man Spaß haben kann, glaubt er wahrlich nicht. Misstrauisch und pessimistisch verkauft er sich als Realist. Und flüstert dir immer wieder ins Ohr, warum du das alles vergessen kannst.

Wann flüstert dir eine Stimme zu, dass deine Träume nicht realistisch seien? Dass du lieber auf den Boden der Tatsachen zurückkehren sollst, anstatt in Wolkenkuckucksheim herumzuturnen?

MACH DIR BEWUSST, DASS DIESER ALS REALIST GETARNTE DESILLUSIONATOR LETZTLICH NUR EINES DEINER EGOS IST!

SEINE EXISTENZGRUNDLAGE

»Das schaffst du nie!«
»Alle haben Gaben und Talente, nur ich kann nichts Besonderes.«

Er hat Angst vor Versagen und vor Enttäuschung.
Die Grundlage für ihn ist letztlich mangelndes Selbstvertrauen. Den Satz »Alles ist möglich!« zu hören, zu wiederholen oder zu wünschen,

dass er wahr wäre, ist das eine. Wirklich an ihn zu glauben, an sich selbst zu glauben, ist eine andere Sache.

Manche von uns bekommen sehr früh schon zu hören, dass man sich mit weniger begnügen soll. Man soll zufrieden sein mit dem, was man hat, nicht immer nach den Sternen greifen. Andere wiederum würden gern daran glauben, dass alles möglich sei. Sie haben aber tiefe Zweifel, weil sie so oft gehört haben, dass sie etwas nicht gut genug könnten, oder dass etwas unmöglich sei. Wie das nun mal so ist: Mit der Zeit lassen die Bestrebungen nach. Sie liegen auf der Unterbewusstseins-Festplatte. Da hockt er dann, dieser Schlechtmacher, und zerstört unsere Träume. Oder zumindest den Glauben daran, dass sie irgendwann wahr werden könnten.

Ein anderer Punkt ist der vermeintlich wirksame Selbstschutz vor Enttäuschung. Der Traum ist schön, der Plan genial? Wunderbar! Umsetzen! Aber nein, der Desillusionator redet ja auch noch ein Wörtchen mit. Die Angst vor Enttäuschung bietet auch ihm einen guten Nährboden. Lieber nur träumen und auf der »sicheren Seite« bleiben, als mit dem Schmerz klarkommen zu müssen, dass es nicht geklappt, dass man versagt hat.

Dabei legt er wunderbar einen Mantel des Schweigens über die Wahrheit, die da lautet: Das Einzige, was uns wirklich schmerzt, ist, nie gelebt zu haben.

Dass wir immer nur schön die Füße stillgehalten haben, während wir unsere Träume zu Grabe trugen.

Was nährt deinen Desillusionator? Wovor hast du Angst bei dem Gedanken, deine Träume wahr werden zu lassen?

SEI OFFEN FÜR ALLES, WAS SICH DIR ZEIGT, UND SCHREIBE ES AUF.

DAS ENDE DES DESILLUSIONATORS

Auch er ist ein Egoanteil von dir, der versucht, dir Angst zu machen, wenn du ihn loslassen willst.

»Wenn ich mich ändere, werde ich gehörig auf die Schnauze fallen! Das ist soooo peinlich! Alle werden mit dem Finger auf mich zeigen und sagen: ›Ha, da hat sie's. Total versagt. Auf ganzer Linie!‹ Lachen werden sie über mich! Und ich werde mich in Grund und Boden schämen. Meine jetzige Existenz wird nicht mehr haltbar sein. Also gehe ich kein Risiko ein und bleibe, wo ich bin. Träume sind für Spinner. Und will ich etwa ein Spinner sein? Will ich das? Was werden denn die anderen über mich denken, wenn ich mit einem Mal alles umschmeiße und dieses verrückte Zeug mache? Schön die Füße stillhalten. Sicher ist sicher!«

Mein Worst-Case-Szenario
Nimm deinen kühnsten Traum! Mal ihn dir so richtig schön aus! Und dann stell dir vor, dass du sofort anfängst, das in die Tat umzusetzen. Ohne Wenn und Aber. Jetzt geh einen Schritt weiter, und lasse deine schlimmsten Träume wahr werden. Mit welchen schrecklichen Konsequenzen musst du jetzt vermeintlich leben, weil du das gewagt hast?
Und? Wie schlimm ist es?

WAS GENAU FLÜSTERT DIR
DEIN DESILLUSIONATOR ALLES EIN?

WAS ICH VON MEINEM DESILLUSIONATOR HABE

Wo viel Schatten ist, da ist auch Licht.

Ja, er bewahrt uns tatsächlich manchmal vor Enttäuschungen, die wir uns selbst einbrocken würden. Andererseits, was ist schon schlimm daran, wenn sich eine Täuschung auflöst? Solange wir nicht voll in unserer Schöpferrolle angekommen sind, zeigt der Desillusionator uns Grenzen auf, die wir so lernen können zu überwinden. Und Wachstum hat immer was Positives!

ECHTE VARIANTE DES DESILLUSIONATORS

Fällt die Verzerrung weg, bleibt Folgendes stehen:

Der besonnene Ratgeber. Der Teil in uns, der wirklich realistisch abschätzen kann, welcher nächste Schritt der beste für uns ist. Dieser Teil traut uns aber auch zu, selbst die größten Ziele zu erreichen, indem wir eben einen Schritt nach dem anderen tun.

WIE DU DEN DESILLUSIONATOR ÜBERWINDEST

Mach dir bewusst: Er ist eine Mischung aus anderen Egos. Entlarve, welches davon dein größter Stolperstein ist! (siehe auch Kann-nix, Kleinmacherin, Entmutiger, die »Ich bin noch nicht so weit«-Beschwichtigerin und die »Dafür ist es zu spät«-Flüsterin)

Sei dir im Klaren darüber, dass auch die größten Errungenschaften dieser Erde mit einem menschlichen Gedanken begonnen haben. Warum nicht auch mit einem von dir? Unzählige Biografien von großen Vorbildern berichten vom Scheitern dieser Personen, bevor ihnen der Durchbruch gelang. Scheitern ist letztlich nichts anderes als die Gelegenheit, aus (alten) Fehlern zu lernen und beim nächsten Versuch einfach einen neuen Weg auszuprobieren. Dafür ist es niemals zu spät und du musst auch nicht großartig etwas anderes lernen. Du kannst es. Jetzt!

Affirmation:

»Ich erlaube mir, meine Visionen in meine Realität umzuwandeln. Ich glaube an mich und an meine Fähigkeiten!«

MEINE SELBST FORMULIERTE, STÄRKENDE AFFIRMATION

DER **RECHTHABER**

Fred ist eine Nervensäge.

Welches Thema im Büro auch angeschnitten wird, sei es der letzte Greenpeace-Einsatz in der Antarktis oder das neue Kaffeepulver: Er hat immer etwas dazu zu sagen. Und nicht nur das: Er hat auch immer recht. Glaubt er.

So lässt er es nie unversucht, alle Anwesenden von seiner Wahrheit zu überzeugen, die natürlich deckungsgleich mit der absoluten Wahrheit ist. Er hat recht, alle anderen haben unrecht. Und er ist sogar so freundlich, seine Weisheit mit allen anderen zu teilen.

Dabei geht Fred auch so weit, dem Psychologen die Psychologie zu erklären, dem Mediziner, wie er den Patienten mit den neuesten Methoden schneller heilen kann, oder auch dem Physiker, dass die Gesetze, die er propagiert, einfach nicht funktionieren. Der Fred, der weiß es einfach.

DER NAME DEINES RECHTHABERS/
DEINER RECHTHABERIN

CHARAKTERISTIK

»Ich bin kein Klugscheißer. Ich weiß es wirklich besser!«

Der Rechthaber erzählt dir, dass er, na ja, eben recht hat. Und er glaubt felsenfest daran. Denn in seiner Realität ist seine Wahrheit Gesetz. Was auch in Ordnung wäre – wenn er akzeptieren würde, dass jeder Mensch seine eigene Weltsicht hat und es so etwas wie »die eine Wahrheit« nicht gibt. Dabei geht er oftmals auch verletzend vor und lässt Empathie vermissen.

Widerlegst du seine Theorien, kann er mitunter schon mal sehr wütend werden. Aggression oder schnippisches Verhalten sind dann keine Seltenheit. Diese Reaktionen haben ihren Grund. Und der liegt in dem, was der Rechthaber so gern zu verbergen sucht: seine eigene Unsicherheit.

In welchen Situationen, bei welchen Themen ist es dir wichtig, recht zu haben? Wann entsteht in dir ein leises, triumphierendes Gefühl, wenn sich herausstellt, dass du doch recht hattest? Gibt es einzelne Menschen, bei denen es dir wichtig ist, recht zu haben und das unter Beweis zu stellen?
Recht zu haben ist das eine. Dass es sich drängend anfühlt, recht haben zu wollen, ist das andere, eine Egokiste.

ÜBERPRÜFE DICH EINMAL GANZ GENAU!

SEINE EXISTENZGRUNDLAGE

»Wer recht hat, wird akzeptiert, gelobt, wertgeschätzt, anerkannt, geachtet.«

»Recht haben bedeutet, klug zu sein.«

»Wer klug ist/recht hat, bringt es zu was.«

»Wer etwas zu sagen hat und viel weiß, steht im Mittelpunkt der Aufmerksamkeit.«

Und so weiter und so fort.

Früh schon hat der Rechthaber erfahren, dass der, der recht hat, viel positive Zuwendung bekommt. Darum setzt er alles daran, immer recht zu haben. Im Unrecht zu sein, würde heißen, als Verlierer, schwach oder auch schlichtweg als dumm zu gelten. Und solche Leute zählen in seiner Welt nichts. Der Kampf darum, recht zu haben, ist also ein Kampf ums Überleben. In jedem Fall um das gesellschaftliche Überleben.

Sein Nährboden liegt tief in uns. Dieser besteht aus der Verunsicherung, der Angst, abgelehnt zu werden, wenn man sich »die Blöße« gibt, eine Schwäche zeigt. Und nicht recht zu haben, ist eindeutig eine Schwäche. Aus Sicht des Rechthabers in jedem Fall. Vermutlich entstand der Rechthaber durch Demütigungen von außen oder auch aus dem Gefühl heraus, zu wenig Beachtung zu bekommen. Während er gleichzeitig beobachtete, dass Menschen, die als klug galten, viel davon bekamen.

Letztlich ist der Rechthaber nichts anderes als ein kleines, verletztes Kind, das nach Aufmerksamkeit schreit.

Was nährt deinen Rechthaber? Was erschreckt dich bei der Vorstellung, vor anderen als fehlerhaft entlarvt zu werden?

SEI OFFEN FÜR ALLES, WAS SICH ZEIGT, UND SCHREIBE ES AUF.

DAS ENDE DES RECHTHABERS

Da unsere Egos letztlich alle nur verletzte, enttäuschte und wütende Kinder sind bzw. deren Gedanken, sollten wir uns auch nicht wundern, dass sie sich genau so aufführen, wenn man ihnen die Leviten liest. Gerade der Rechthaber meint, natürlich recht zu haben, indem er die Wahrheit für sich beansprucht.

»Ich lasse mich doch nicht von anderen mit ihren Argumenten übertrumpfen! Sie werden mich blöd aussehen lassen, und niemand wird mir mehr zuhören. Niemand will sich mit einem Verlierer unterhalten oder abgeben. Und das werde ich zwangsläufig sein, wenn ich nachgebe! Auf keinen Fall höre ich damit auf, darauf zu bestehen, recht zu haben. Denn wer recht hat, hat die Macht, die Kontrolle über die anderen. Und Schwächlinge gehen in dieser Welt unter!«

Mein Worst-Case-Szenario

Stell dir einmal vor, du hörst auf mit der Rechthaberei. Du gestehst dir ein, dass jeder Mensch seine ganz eigene Sicht auf die Welt hat. Und jeder auf seine ganz eigene Art damit gleichzeitig recht und unrecht hat.

Was bleibt von dir übrig? Was macht diese Vorstellung, nie wieder recht zu haben, mit dir? Jede andere Wahrheit wirklich anerkennen zu müssen?

Übe das, indem du anderen Menschen heute einmal wirklich zuhörst und du Gedanken wie »So ein Unsinn!« oder »Das ist ja total falsch!« für dich behältst.

WAS MACHT DAS MIT DIR?

Oder mal dir aus, wie du als Dummschwätzer enttarnt wirst. Alle merken, dass du gar nicht so schlau bist, wie du immer tust. Vor versammelter Mannschaft fliegst du auf.

WIE FÜHLT SICH DAS AN?

WAS ICH VON MEINEM RECHTHABER HABE

Fakt ist: In unserer eigenen Welt haben wir immer recht. Denn jeder hat seine eigene Wahrheit.

Der Rechthaber lehrt uns, für unsere Wahrheit einzustehen und uns nicht die von anderen aufs Auge drücken zu lassen.

ECHTE VARIANTE DES RECHTHABERS

Fällt die Verzerrung weg, bleibt Folgendes stehen:

Der Weise. Der Mensch, der die Wahrheit in seinem Inneren gefunden hat. Eine Wahrheit, die jenseits der Rechthaberei liegt. Die nicht missionieren und nicht angeben will. Er gibt Rat, ohne etwas dafür zu erwarten. Auch keine Aufmerksamkeit.

WIE DU DEN RECHTHABER ÜBERWINDEST

Am besten tust du genau das, was dein Rechthaber in deinem Kopf permanent vermeiden will: Blamier dich mal so richtig! Gib offen zu, dass du etwas nicht weißt. Versuch nicht, mit Halbwissen zu glänzen. Oder gesteh anderen zu, dass sie Experten auf ihrem Gebiet sind. Frag jemanden nach Rat oder nach einer Information, statt dir vorzumachen, dass du es ohnehin besser als jeder andere weißt.

Du wirst merken, dass die Sonne am nächsten Tag dann immer noch aufgeht. Und statt gegen die anderen und für deine Anerkennung kämpfen zu müssen, wirst du Anerkennung für deine Aufrichtigkeit ernten.

Mach dir in jedem Fall aber immer wieder bewusst: Du bist wertvoll, so, wie du bist. Egal, ob du nun vermeintlich recht hast oder nicht – Herzensqualität wird nicht daran gemessen, ob jemand viel Faktenwissen hat oder nicht.

Affirmation:

»Ich erlaube mir, mir selbst und anderen einzugestehen,
auch mal etwas nicht zu wissen.
Darin liegt wahre Weisheit und Stärke.«

MEINE SELBST FORMULIERTE, STÄRKENDE AFFIRMATION

Meine 26 EGOS und ICH

DIE **KANN-NIX**

Vorgestern hat sie sich mal wieder bemerkbar gemacht. Meine liebe Lebensgefährtin Kann-nix war auf Besuch. Und wollte mir erzählen, dass … na, was wohl? … ich nix kann.

Auslöser war ein Beisammensein mit einem lieben Menschen, der sich an diesem Abend als begnadeter Gitarrist und Profi-Billardspieler entpuppte. Ganz offenkundig war er jemand, der Dinge bis zur Vollkommenheit übte. Nicht so wie ich (Achtung, das ist bereits die Kann-nix, die hier tippt!), die zwar vieles macht, aber nichts so richtig gut kann. Na ja, da gibt es schon ein paar Sachen. Aber die, die ich kann, kann halt jeder.

Merkst du was?

DER NAME DEINER KANN-NIX/DEINES KANN-NIX

CHARAKTERISTIK
»Alle haben ein Talent. Und ich? Ich kann gar nix.«
»Das schaff ich nie!«

Die Kann-nix ist eine Egoform, die einem unentwegt einflüstern will, dass man das nicht kann, das man das unter diesen Umständen nicht

Meine 26 EGOS und ICH **175**

kann oder aber dass man sowieso überhaupt nichts kann. Niemals. So bringt man sich in die komfortable Lage, gar nicht erst etwas anfangen zu müssen. Gut, oder?

Außerdem versteckt sie sich gern unter dem Mantel der Bescheidenheit. Einer der Gründe, warum sie bei mir weiblich ist, ist, dass sie eines dieser anerzogenen Muster repräsentiert, die für mich typisch mädchenhaft sind. Mädchen sollen fleißig sein, aber niemals mit dem, was sie können, angeben. Das wäre ja entsetzlich. Jungs hingegen, die dürfen laut in die Welt hinausposaunen, was sie so drauf haben. Ein wenig Übertreibung hat dabei ja auch noch keinem geschadet, nicht wahr?

So taucht die Kann-nix gern auf der Bildfläche auf, wenn Bescheidenheit mit Liebenswürdigkeit gleichgesetzt wird. Je schlechter ich mich mache, umso mehr denken alle: »Was für eine bescheidene Person! Dabei kann sie doch so viel!« Und das macht sie ja soooo sympathisch! Denkt die Kann-nix. Dass sie dabei Energieraub vom Feinsten praktiziert, indem sie andere dazu nötigt, ihr ständig Lob und Aufmunterung zukommen zu lassen, merkt sie nicht einmal. Denn Sätze wie »Doch, natürlich, du kannst das soooo super, echt!« werden zwar gern gehört, aber selbstverständlich gekontert mit »Nein, nein, hör auf, das stimmt doch gar nicht«. Nur damit der andere noch fünf Mal wiederholt, dass das wirklich so sei. Würde hier jeder seine Energie für sich behalten, könnte man sich das ganze Spielchen auch sparen.

Wann äußerst du Sätze wie »Ach nein, hör auf, das kann ich ja gar nicht« oder »Das können anderen ja vieeel besser als ich«? Fällt es dir schwer, Komplimente mit einem einfachen, ehrlichen »Danke« anzunehmen, und streitest du dafür alles Zugesprochene ab?

SPÜRE IN DICH HINEIN, WAS DICH DAZU ANTREIBT, DICH SO DERMASSEN UNTER WERT ZU VERKAUFEN. DENN AUCH DAFÜR GIBT ES EINEN GRUND. ODER MEHRERE.

IHRE EXISTENZGRUNDLAGE

»Du taugst nichts!«
»Das kannst du nicht! Lass das mal besser bleiben.«
»Das kann XY besser als du.«

Der Nährboden für die Kann-nix ist ein mangelndes bis nicht vorhandenes Selbstbewusstsein. Natürlich bestätigt das Leben einem auch immer wieder, dass es wahr ist, dass man nichts kann. Eine praktische Sache, weil man es dann gar nicht erst probieren muss. Eine Prise Faulheit nährt die Kann-nix also auch.

Häufig haben sich Menschen mit einem besonders lauten Kann-nix-Ego Sätze wie die oben stehenden oft anhören müssen. Und sie irgendwann geglaubt. Ein anderer Nährboden könnten folgende Äußerungen sein:

Meine 26 EGOS und ICH **177**

»Dieser Angeber ist einfach widerlich!«

»Musst du jedem immer gleich erzählen, was du alles so toll kannst?«

»Behalte das mal besser für dich. Bescheidene Menschen sind viel sympathischer.«

»Die XY, die mag ich total gern. Die ist immer so bescheiden.«

Diese Sätze treten natürlich gepaart mit einem entsprechenden Tonfall und einer Körperhaltung auf, die suggerieren: Wer zu sich und zu seinen Talenten steht, gilt schnell als unsympathisch. Doch wer immer brav abstreitet, etwas zu können, der verdient es, mit Liebesbekundungen überhäuft zu werden. Fragt sich dann nur, was dieses Verhalten auf Dauer mit einem macht. Die einen behalten dieses Ego als Maske, wohl wissend, dass sie eigentlich sehr wohl etwas draufhaben, aber gern Zuspruch erfahren. Die anderen wiederum glauben irgendwann selbst, dass sie nichts können. Und versinken in einem Sumpf aus Selbstzweifeln und Kleinmacherei.

Was für Reaktionen erhoffst du dir, wenn du sagst, dass du dieses oder jenes nicht kannst? Wie reagieren Menschen aus deinem Umfeld für gewöhnlich, wenn du dich klein und bescheiden gibst? Hast du schon oft gehört, dass du es nicht draufhast?

WAS STÄRKT DEINE KANN-NIX?

DAS ENDE DER KANN-NIX

So bescheiden sie auch tut, so böse kann sie auch werden, wenn man sie aufgibt.

»Wenn ich behaupten würde, dass ich das kann, würde sich die ganze Welt über meine Stümperhaftigkeit totlachen! Ich kann nichts und werde nie etwas können. Ich lass es besser gleich bleiben, dann mach ich mich vor den anderen nicht zur Idiotin. Besser, für unfähig gehalten zu werden, als zu beweisen, dass man unfähig ist! Ich bleib dabei: Ich kann nix und aus! Damit bin ich auf der sicheren Seite. Außerdem weiß ich ja genau, dass ich es nicht draufhabe. Die Blamage wäre zu furchtbar, wenn sich herausstellen würde, dass es nicht funktioniert, obwohl ich es behauptet habe. Und es tut so weh, verspottet zu werden. Lieber ein Underdog sein und in Ruhe gelassen werden, als diesen Schmerz noch einmal zu riskieren!«

Mein Worst-Case-Szenario

Stell dir einmal vor, du hörst auf, daran zu glauben, dass du nichts kannst. Du tust etwas, das du gern machst, und gestehst dir ein, dass du das gut machst. Ja, vielleicht gibt es Menschen auf der Welt, die es noch besser können. Aber das bedeutet nicht automatisch, dass du es nicht kannst. Also mal dir diese Situation aus, und fühle in dich hinein. Was macht es mit dir, wenn du dir das in aller Öffentlichkeit eingestehen musst? Wovor genau hast du Angst?

UND WAS BEFÜRCHTEST DU ZU RISKIEREN, WENN DU DEINE FALSCHE BESCHEIDENHEIT LOSLÄSST? WENN DIR NIEMAND MEHR SAGT, DASS DU GUT BIST, WEIL DU ES DIR SELBST SAGST?

WAS ICH VON MEINER KANN-NIX HABE

Ihre Selbstzweifel müssen uns aber nicht davon abhalten, über uns hinauszuwachsen. Diese Stolpersteine, die uns die Kann-nix in den Weg legt, sind in Wahrheit Hürden, die uns beibringen, immer höher und immer weiter zu springen. Wenn wir es nur in Angriff nehmen.

ECHTE VARIANTE DER-KANN NIX

Fällt die Verzerrung weg, bleibt Folgendes stehen:

Die Demütige. Die, die anerkennt, dass jeder von uns eine wahre Gabe oder auch mehrere in sich trägt. Dass jeder bereits in sich vollkommen ist. Auch sie selbst. Und dass sie dafür zutiefst dankbar ist. Diese Tatsache muss sie weder leugnen noch herausstellen.

WIE DU DIE KANN-NIX ÜBERWINDEST

Die Frage ist, ob du sie als Showelement benutzt oder ob du wirklich glaubst, dass du nichts kannst.

Meine 26 EGOS und ICH

Da sich auch Perfektionisten des Kann-nix-Verhaltens bedienen, ist ein absichtliches Sich-Blamieren durchaus sehr hilfreich. Es geht wie immer darum, das Ego zu widerlegen. Heißt: Auch wenn man genau das tut, was es unbedingt vermeiden will, überlebt man. Das zu erfahren bringt eine neue Perspektive!

Denk einfach an Pipi Langstrumpfs schönen Spruch: »Ich habe es noch nie ausprobiert. Also gehe ich davon aus, dass ich es kann.«

Fühl in dich hinein, wenn du andere manipulierst, indem du ständig behauptest, schlecht zu sein, damit sie dir Aufmerksamkeit und Aufmunterung schenken. Wonach sehnst du dich da? Und warum holst du es dir von anderen, anstatt es in dir selbst zu finden? Entscheide dich dafür, deinem Energieraub ein Ende zu machen. Denn sei mal ehrlich: Bist du gern eine Manipuliererin/ein Manipulierer?

Affirmation:

»Ich habe, wie jeder Mensch, Talente und erlaube mir, sie zu entdecken und zu mir zu stehen.«

MEINE SELBST FORMULIERTE, STÄRKENDE AFFIRMATION

DIE PSEUDO-MUTTER-TERESA

»Nein, ich mach das doch wirklich gern!«

Eine Selbstlose. Sie hilft anderen, wo es nur geht. Einfach ganz selbstlos. Na ja, fast. Denn die Pseudo-Mutter-Teresa ist eben keine echte Mutter Teresa. Sie ist eins unserer lieben Egos. Und darum steckt hinter ihrer scheinbar nur von selbstloser Liebe angetriebenen Tat eben doch (ein wenig »Ich!«) – also die Absicht, für das Säen auch etwas zu ernten: Aufmerksamkeit, Lob, Dankbarkeit.

DER NAME DEINER PSEUDO-MUTTER-TERESA/
DEINES PSEUDO-HEILIGEN-FRANZISKUS

CHARAKTERISTIK

Besonders weit verbreitet und ausgeprägt ist dieses Ego bei Menschen, die sich aufgrund ihrer Interessen für besonders spirituell halten, dabei aber dazu neigen, bestimmte Entwicklungsschritte auszulassen.
Sie haben viel Wissen über Nächsten- und Selbstliebe im Kopf, gehen aber nicht den Weg weiter, um dieses Wissen in ihr Herz zu bringen. Von daher dienen die vermeintlich selbstlosen Dienste in Wahrheit der eigenen Bedürfnisbefriedigung.

Meine 26 EGOS und ICH

Die Pseudo-Mutter-Teresa tut alles, um andere glücklich zu machen. Einen vergisst sie dabei aber: sich selbst. Denn wer gute Werke tut, um Liebe und Anerkennung zu ernten, handelt ganz im Sinne seines Egos. In Wahrheit hat deine Pseudo-Mutter-Teresa nämlich eine große Leere im Herzen. Sie fühlt sich nicht genug geliebt und versucht nun, die Liebe in Form von Dankbarkeit zu ernten.

Manchmal zwingt sie sich auch zu guten Taten, obwohl sie in Wahrheit keine Lust hat. Oder sie ärgert sich, weil sie immer so viel für andere tut, aber niemand etwas für sie. Das traut sie sich aber nicht, laut zu sagen, denn eine wahre Helferin hilft ja schließlich bedingungslos.

Wann tust du etwas für andere und behauptest, dass du das »einfach so« und »total gern« machst? Und ärgerst du dich insgeheim, wenn von den anderen nichts zurückkommt? Sagst du manchmal Sätze wie: »Er hätte ja wenigstens mal Danke sagen können!«? Prüfe deine Motive einmal genau. Wann glaubst du, etwas uneigennützig für andere zu tun, obwohl du insgeheim doch etwas dafür erwartest.

WARUM TUST DU DAS?

IHRE EXISTENZGRUNDLAGE

»Nur wer anderen bedingungslos dient, ist ein liebenswerter und guter Mensch!« »Wenn du nicht mehr auf deine eigenen Bedürfnisse achtest, sondern alles für andere machst, verdienst du es, über alle Maßen geliebt zu werden.«

Ja, das ist schon ein ehrenwerter Gedanke, sein Leben anderen zu widmen. Aber seien wir doch mal ehrlich: Wir können erst dann wahrhaft etwas bedingungslos für andere tun, wenn wir selbst keine Bedürfnisse mehr haben. Und die Pseudo-Mutter-Teresa hat einfach welche. Es mangelt ihr an Selbstliebe. Dazu kommt ihr nicht uneigennütziger Antrieb, selbstlos wirken zu wollen.

Sie darf lernen, ihre eigenen Bedürfnisse zu erkennen, ehrlich gegenüber sich selbst und anderen zu sein und sich das zu geben, was sie insgeheim durch ihre »selbstlosen« Dienste erhofft zu bekommen. Letztlich will auch sie nur gelobt werden und Dank erhalten. Auch wünscht sie sich Aufmerksamkeit, die sie durch ihre Dienste bekommt. Oder hofft zu bekommen. Allein der Frust, der manchmal dadurch entsteht, dass andere sie beim Wort nehmen, wenn sie sagt, dass ihr das nichts ausmache, und wirklich nichts zurückgeben, sollte dir zeigen, dass hier ein Ego die Fäden zieht und eben nicht eine Mutter Teresa.

Wie siehst du Menschen, die sich selbstlos geben? Welches Bild hast du von ihnen? Beeindrucken dich die Bilder von Gurus und Heiligen, die von Menschenmassen umringt sind?

WAS TREIBT DEINE PSEUDO-MUTTER-TERESA AN?

DAS ENDE DER PSEUDO-MUTTER-TERESA

Will man sie loslassen und damit beginnen, die eigenen Bedürfnisse bei sich selbst zu stillen, wird die vermeintliche Heilige mit einem Mal ganz schön sauer.

»Wenn ich aufhöre, ständig andere vor meine eigenen Bedürfnisse zu stellen, werde ich in Egoismus verfallen! Schau dir diese schlechte Welt doch einmal an! Alles Egoisten! Ich weiß, dass ich in Wahrheit ein Engel bin, und das dürfen ruhig auch alle anderen sehen! Ich bin wie Mutter Teresa, zumindest versuche ich, so zu sein wie sie. Sie wird heute noch so sehr dafür verehrt. Das ist toll! Selbstloser Dienst ist der Schlüssel für meine Existenzberechtigung!«

Mein Worst-Case-Szenario
Stell dir einmal vor, du hörst von heute auf morgen damit auf, immer nur für andere da zu sein. All die enttäuschten Gesichter, die Kritik, die Vorwürfe, dass du so selbstsüchtig geworden seist …

MAL DIR ALL DAS SO RICHTIG AUS! UND DANN SPÜR IN DICH HINEIN, UND MACH DIR KLAR: DAS SIND DEINE EIGENEN VORWÜRFE. DAS IST DAS, WAS DU DIR TIEF IN DIR SELBST VORWERFEN WÜRDEST!

WAS ICH VON MEINER PSEUDO-MUTTER-TERESA HABE

Auch wenn ihre Motive manchmal fragwürdig sind, so leistet sie doch unterm Strich immer wieder etwas für andere. Hier zählt auch das Ergebnis! Treibt sie einem zum Spenden an, ist das allemal besser, als immer nur wegzuschauen.

ECHTE VARIANTE PSEUDO-MUTTER-TERESA

Fällt die Verzerrung weg, bleibt Folgendes stehen:

Die Selbstlose. Ein Mensch, der in sich ruht, alles hat, was er braucht, und bereit ist, sich den Menschen zu widmen, die noch auf der Suche sind.

WIE DU DIE PSEUDO-MUTTER-TERESA ÜBERWINDEST

Dieses Ego hat ein Ziel, das an sich natürlich sehr wohl ehrenwert ist. Doch solange du anderen nur hilfst, um Anerkennung, Lob, Verehrung usw. zu ernten, kannst du dein wahres Selbst nicht finden, da du aus den falschen Gründen handelst. Lerne, dir selbst das zu geben, was du brauchst! Dann kannst du wahrhaft selbstlos für andere da sein, denn du wirst ihr Lob und ihre Anerkennung nicht mehr brauchen.

Affirmation:

»Ich bin bereit, meine eigenen Bedürfnisse zu erkennen und sie selbst zu stillen.«

MEINE SELBST FORMULIERTE, STÄRKENDE AFFIRMATION

DIE KALTHERZIGE

»Boah, die ist echt kalt wie Stahl!«

Nicht selten wird die Kaltherzige zum Gegenstand des Getuschels anderer. Ihre Kälte und ihre Härte erschrecken ihre Mitmenschen. Unmenschlich scheint sie zu sein, vor allem, wenn dieses Ego das Verhalten einer Frau lenkt. Die Kaltherzige hat bei Männern einen etwas anderen Effekt. Auch heute sieht man es Männern noch eher nach als Frauen, wenn sie anderen Menschen die kalte Schulter zeigen und sich scheinbar gefühllos auf dem gesellschaftlichen Parkett bewegen. Doch egal, ob Mann oder Frau: Wenn das kaltherzige Ego einen regiert, hat man selbst meist am wenigsten zu lachen.

DER NAME DEINER KALTHERZIGEN/
DEINES KALTHERZIGEN

CHARAKTERISTIK

Der Kaltherzigen fehlt es an Empathie. Meint man. Dabei ist ihre kalte, abweisende Art nur eine Folge des Schutzpanzers, den sie um ihr Herz herum errichtet hat. Hinter ihrer Kälte steckt in Wahrheit die Angst, (wieder) verletzt zu werden. Dabei verletzt sie mit dieser Haltung bewusst andere, um sie emotional von sich fernzuhalten.

Außerdem glaubt sie möglicherweise, dass andere auch kein Mitgefühl verdienen, weil ihr es auch keiner entgegenbringt.

Zynismus, ein bissiger Kommentar und den anderen mit Worten genau da zu treffen, wo es besonders weh tut – das sind ihre klassischen Waffen. Dass ihr Gegenüber dadurch wütend wird und ihr letztlich sogar noch die Liebe entzieht, nimmt sie in Kauf. Dieser Schmerz erscheint gegenüber dem, was ihr verletztes Herz fürchtet, weniger schlimm.

Wann verhältst du dich anderen gegenüber kalt und/oder ablehnend? Wann verletzt du jemanden vielleicht sogar absichtlich? Verschließt du dich manchmal anderen gegenüber, sodass sie wütend auf dich werden?

DAS IST EINE SEITE AN DIR, DIE DU VIELLEICHT NICHT GERN ANSCHAUST. UMSO WICHTIGER IST ES, DIR SELBST GEGENÜBER GANZ EHRLICH ZU SEIN!

IHRE EXISTENZGRUNDLAGE

»Warum sollst du jedem Verständnis entgegenbringen? Dich versteht ja auch niemand!«

»Wer sich anderen öffnet, wird immer nur verletzt.«

»Ich leide an Mangel.«

»Meine Ressourcen sind begrenzt. Wenn ich etwas davon abgebe, werde ich selbst zu wenig haben.«

»Mitgefühl ist ein Luxus, den ich mir nicht leisten kann.«

»Was geht dich das eigentlich an?«

Der Nährboden für solche Äußerungen und Gedanken, die mal bewusst und mal unbewusst auftreten, ist ein tiefer Schmerz. Offenherzigkeit, Mitgefühl und Anteilnahme sind bei der Kaltherzigen nicht positiv besetzt. Früh hat sie gelernt, sich wie eine wilde Raubkatze zu verhalten, um sich zu verteidigen. Auch hier zeigt sich ein Inneres Kind, das sich nicht anders zu helfen weiß, als andere zu verletzen oder sie kalt abzuweisen.

Wer mir Menschen zu tun hat, die ein starkes Kaltherzigen-Ego haben, braucht viel Liebe und Geduld. Denn wer seine innere Balance selbst noch nicht gefunden hat, wird sich von ihnen rasch abgestoßen fühlen und lieber auf ihre Gesellschaft verzichten. Dabei gilt hier ganz besonders der Spruch: »Liebe mich dann, wenn ich es am wenigsten verdiene. Denn dann brauche ich es am meisten.«

Zurückweisung, Ablehnung, kleingemacht zu werden, das alles kennt die Kaltherzige nur zu gut. Dummerweise hält einen dieses Ego im

Griff, und man merkt nicht, dass man sich mit diesem egogesteuerten Verhalten selbst am meisten verletzt. Denn Einsamkeit erscheint ihr wie ein Rettungsring. Wer allein ist, kann von niemandem verletzt werden. Letztlich aber macht sie das nur noch unglücklicher.

Wer hat dich im Leben verletzt und wie? Wann hast du angefangen, einen Schutzpanzer um dich herum zu errichten?

ERFORSCHE DEINE EIGENEN ABWEISUNGSSTRATEGIEN GENAU!

DAS ENDE DER KALTHERZIGEN

Weil dieses Ego durch viele Verletzungen genährt wurde, erachtet auch die Kaltherzige sich als Schutz und notwendige Sicherungsvorkehrung. Darum lässt sie sich nicht so einfach abschütteln.

»Ohne meine gesunde Distanz werde ich wieder und wieder verletzt werden! Die Menschen sind grausam! Besser, ich schütze mich vor ihnen und ihren Tücken und Gemeinheiten! Je weniger ich mich öffne, umso besser! Außerdem brauche ich mit niemandem Mitgefühl zu haben. Wer hat denn mir jemals etwas selbstlos entgegengebracht? Kein Mensch! Ich wäre schön blöd, immer nur zu geben! Lieber behalte ich meine Energie für mich, das ist der einzige Weg, um hier zurechtzukommen.«

Mein Worst-Case-Szenario
Deine Taktik ist die Zurückweisung. Andere von dir wegzustoßen. Versuch, dir einmal vorzustellen, was passiert, wenn du dich Menschen gegenüber öffnest. Wenn du aufhörst, sie anzufahren, ihnen zynische Antworten zu geben und ihnen stattdessen deinen Schmerz zeigst. Stell dir vor, du fängst an, vor den Augen anderer zu weinen, oder brichst vielleicht sogar völlig zusammen. Ein emotionaler Kollaps.

WAS MACHT DAS MIT DIR?

WAS ICH VON MEINER KALTHERZIGEN HABE

Sie lehrt uns, dass wir uns auch mal abgrenzen dürfen. Das ist völlig in Ordnung. Jeder darf für sich Grenzen ziehen.

ECHTE VARIANTE DER KALTHERZIGEN

Fällt die Verzerrung weg, bleibt Folgendes stehen:

Die Herrscherin. Statt Kälte umgibt sie Güte. Sie sieht klar, wo sie ihren eigenen Herrschaftsbereich hat, und zieht ihre Grenzen.

WIE DU DIE KALTHERZIGE ÜBERWINDEST
Erfahre, dass Geben das größte Geschenk ist, das du dir selbst machen kannst!

Genau das solltest du tun. Am besten, indem du eine ehrenamtliche Tätigkeit aufnimmst. Oder aber indem du dich fragst, was du schon immer mal gern bekommen hättest. Und dann schenkst du das einem Menschen, von dem du glaubst, er hätte es auch gern. Das kann etwas Materielles sein oder aber auch Zeit, eine Umarmung, ein offenes Ohr … Du wirst sehen, wie erfüllend das ist! Und bei dieser Fülle an positiver Energie, die zu dir zurückkommt, wirst du irgendwann nicht anders können, als dich für diese wunderbare Liebe zu öffnen.

Affirmation:

»Ich bin bereit, meinen alten Schmerz hinter mir zu lassen und meine weiche Seite zu zeigen.«

MEINE SELBST FORMULIERTE, STÄRKENDE AFFIRMATION

DIE SELBSTBEMITLEIDERIN

»Ich habe es so schwer!«, entfährt es ihr mit einem Stoßseufzer. Jammertal, das Ende der Welt – da ist sie zu Hause, die Selbstbemitleiderin. Erich ist ein Musterbeispiel dafür. Niemand versteht ihn, niemand kann nachfühlen, wie schlecht es ihm geht. Jedes Mal, wenn er anfängt, anderen sein Leid zu klagen, bekommt er nur dumme Antworten wie »Na, schau mal, der XY hat das auch gepackt« oder »Was soll dann da die Sowieso sagen?« zu hören. Dabei ahnt ja niemand, wie schwer es Erich wirklich hat! Ein Opfer des Lebens, ein Leben lang. Ja, soooo schwer …

DER NAME DEINER SELBSTBEMITLEIDERIN/
DEINES SELBSTBEMITLEIDERS

CHARAKTERISTIK

Ähnlichkeiten mit dem Leidenden sind durchaus gegeben. Doch während der Leidende primär versucht, andere dazu zu bringen, sein Elend zu erkennen und dementsprechend zu handeln, traut die Selbstbemitleiderin den anderen gar nicht zu, das Ausmaß ihres Leides überhaupt erkennen zu können. Darum tut sie sich selbst ganz schrecklich leid.

Meine 26 EGOS und ICH

Niemand versteht sie. Sie ist das größte Opfer auf Gottes weiter Erde. Alle anderen sind doof, und in dieser Wahrheit suhlt sie sich.

Auch Auswege aus ihrem Leid, die ihr angeboten werden, lehnt sie ab. Ihr kann sowieso niemand helfen, denkt sie. Dabei ahnt sie nicht, dass sie sich im Grunde in dieser Rolle als Leidende so wohl fühlt, dass sie sie beibehalten will. Eingekuschelt in ihrem behaglichen Nest aus Weltschmerz und Selbstmitleid, weigert sie sich, Ratschläge anzunehmen oder Veränderungen vorzunehmen. Und tut sich selbst ganz arg leid dabei. Immer wieder.

Wer von diesem Ego regiert wird, braucht eine große Portion Ehrlichkeit sich selbst gegenüber. Denn es versucht einem zu erzählen, dass nicht einmal dieses Buch, ein neues Bewusstsein und auch die Übungen einem helfen könnten. Was natürlich Teil seiner Strategie ist, um weiterhin leiden zu können. Abhilfe wird geschaffen, indem gehandelt wird!!

WANN TUST DU DIR SELBST LEID? KENNST DU DIESES GEFÜHL, DASS DICH NIEMAND AUF DIESER WELT VERSTEHT UND DIR NICHTS UND NIEMAND HELFEN KANN?

IHRE EXISTENZGRUNDLAGE

»Ich bin die Ärmste auf der ganzen Welt!«
»Kein Mensch ahnt, wie schlecht es mir geht.«
»Klar kann der das! Aber ich, in meiner Lage …!«

Die Selbstbemitleiderin fühlt sich wohl in ihrer Opferrolle. Sie ist es nicht gewohnt, Verantwortung für ihr eigenes Leben zu übernehmen, und gibt stattdessen alles und jedem die Schuld für ihr subjektiv gefühltes Elend. Aufforderungen, diese Haltung zu verändern, führen oft zu aggressiven Reaktionen, die sie schützen sollen.

Sicherlich hat auch dieses Verhalten einen Ursprung, der Mitgefühl verdient. Wer sich als Opfer sieht und es bleiben will (und das will die Selbstbemitleiderin!), musste in der Vergangenheit viel einstecken. Fühlte sich missverstanden. Hat früh gelernt, dass er durch Jammern Aufmerksamkeit und Mitleid bekommt. Das Gefühl, zu kurz zu kommen, macht die Selbstbemitleiderin zu einer passionierten Energieräuberin.
Dazu kommt eine gehörige Portion Bequemlichkeit. Denn dieses Ego ist nicht gewillt, die eigene Jammer-Komfortzone zu verlassen.

Würde die Selbstbemitleiderin erkennen, dass sie jederzeit ihr Leben hin zum Besseren verändern könnte, und dies auch tatsächlich umsetzen, würde es ihr den Nährboden entziehen.

Welches Gefühl entsteht bei dir, wenn du jemandem dein Leid klagst und ein offenes Ohr und Mitleid erntest?

UND NICHT VERGESSEN: SEI GANZ EHRLICH ZU DIR!

DAS ENDE DER SELBSTBEMITLEIDERIN

Etwas verändern? Einsehen, dass man das ganze Leben lang eigentlich schon hätte glücklich sein können und dass man sich dieses Glück selbst versagt hat?
Oh, da gibts was auf die Ohren!

»Kein Mensch versteht mich! Mein Leben ist nun mal viel härter als das von allen anderen! Wie sollen die das jemals checken? Das geht gar nicht, weil es ja keinem so schlecht geht wie mir! Von wegen, selbst Verantwortung übernehmen. Sollen die doch erst mal in meinen Schuhen stecken! Lass dir bloß nicht diesen Mist einreden, Mädel. Die haben ja keine Ahnung, überhaupt keine! Wenn ich mich nicht mehr bedauere, dann tut es ja überhaupt keiner mehr.«

Mein Worst-Case-Szenario
Du jammerst. Tust dir leid. Und niemand interessiert sich mehr dafür. Nicht einmal du selbst! Stell dir vor, du fängst mit einem Mal an, alles umzukrempeln, und du erkennst, dass du das schon viel früher hättest haben können. Weil alles mit einem Mal schön wird. Leichter. Fröhlicher!

NA, WAS MACHT DAS MIT DIR?

WAS ICH VON MEINER SELBSTBEMITLEIDERIN HABE

Sie lehrt uns, auf uns und unsere Bedürfnisse zu schauen. Wer sich immer nur anderen zuwendet, vergisst sich nämlich gern selbst.

ECHTE VARIANTE DER SELBSTBEMITLEIDERIN

Fällt die Verzerrung weg, bleibt Folgendes stehen:

Die Nach-innen-Gerichtete. In sich hineinzufühlen, wie es einem geht, ist ein wichtiger Schritt in Richtung Glück.

WIE DU DIE SELBSTBEMITLEIDERIN ÜBERWINDEST

Die Wahrheit, der du dich öffnen darfst, ist:
Jeder Mensch hat in jedem Moment die Wahl. Jeder kann sein Leben ändern.

Dich selbst zu bedauern, ist eine davon. Mach dir bewusst, dass du dir mit deiner negativen Grundhaltung ganz allein selbst schadest. Statt nur auf das zu schauen, was schlecht ist, kannst du beginnen, dir zu notieren, was in deinem Leben vielleicht doch ganz gut ist. Richte den Fokus auf das Gute, Schöne, Wahre!

Affirmation:

»Ich öffne mich dem Leben mit all seinen Möglichkeiten!«

MEINE SELBST FORMULIERTE, STÄRKENDE AFFIRMATION

DER LEIDENDE

»Aua!« Megan schreit aus voller Kehle. Jeder im Umkreis von einem Kilometer muss das gehört haben. Mit schmerzverzerrtem Gesicht reibt sie sich das Schienbein, das sie sich eben an der Tischkante gestoßen hat. Die zwei Umstehenden bemitleiden sie natürlich, denn ganz offenkundig tut das sehr weh. Vorsichtig macht sie einen Humpelversuch. Die zwei verlassen eben den Raum, und schon kann Megan ein wenig besser laufen. Doch kaum kommen sie zurück, setzt Megan eine deutlich schmerzverzerrte Miene auf, jammert und humpelt wieder stärker.

Vorhang auf für den Leidenden!

DER NAME DEINES LEIDENDEN/DEINER LEIDENDEN

CHARAKTERISTIK

Dem Leidenden geht es wahnsinnig schlecht. Seine Kopfschmerzen sind bar jeder Beschreibung. Sein Elend kann nicht in Worte gefasst werden. Wie denn auch, wenn es doch keinem Menschen auf der Welt so schlecht geht wie ihm? Und weil ihn eben niemand versteht, bringt er sein großes Leiden mit jedem Satz zum Ausdruck, aber immer mit dem Hinweis, dass ihn ohnehin niemand verstehen könne. Seine Welt ist ein schlechter Ort.

Zumindest versucht er, das seinem Umfeld immer wieder zu vermitteln. Dass er mitunter mal ein wenig dick aufträgt, ist nur gerechtfertigt. Denn es kann ja nicht sein, dass alle denken, sein Leid wäre gar nicht so groß! Sein Leid muss klar nach außen demonstriert werden.

Dabei will der Leidende einfach nur verstanden werden. Meint er. In Wahrheit will er bemitleidet werden. Und er versucht, sich diese Form von Energie durch diese Hintertür zu holen.

Leidende und Selbstbemitleidende treten schon auch mal im Duett auf. Prinzipiell unterscheiden sie sich aber darin, dass beim Leidenden meist die Show aufhört, wenn kein Publikum mehr da ist. Die Selbstbemitleiderin hingegen tut sich immer leid, Zuhörerschaft hin oder her.

Ist es dir wichtig, dass andere es merken, wenn es dir schlecht geht? Kennst du selbst solche Menschen, die immer zu leiden scheinen und die dich mit ihrem Gejammer nerven? Was meinst du, was steckt hinter ihrem Verhalten?

JETZT ABER NICHT WIEDER ALLES AUF ANDERE SCHIEBEN. WO IST IN DIR DIESER ANTEIL, DER SICH NACH ANTEILNAHME SEHNT?

SEINE EXISTENZGRUNDLAGE

»Keiner versteht mich!«
»Mir geht es so schlecht!«
»Ich habe aber auch immer Pech!«
»Ich wünschte, jemand anders könnte mal spüren, wie schmerzhaft das ist.«

Der Leidende fühlt sich zutiefst unverstanden. In seinen Augen ist das Leben ungerecht und benachteiligt ihn. Er sieht auch keinen Ausweg aus der eigenen Misere.

Früh hat der Leidende gelernt, dass die Opferrolle ihm Aufmerksamkeit bringt. Vermutlich bekam er nie viel Beachtung, wenn es ihm gut ging. Dafür aber umso mehr, wenn er krank war und laut jammerte. Vielleicht ist er auch in einer Familie von Jammerern aufgewachsen und hat dies als eine völlig natürliche Strategie übernommen. Das ist halt so. Oftmals regen sich Leidende entsetzlich über andere Leidende auf, zum Beispiel über Familienmitglieder. Dass man selbst auch dieses Muster übernommen hat, das wird weit von sich gewiesen. Dabei gilt das alte Gesetz eben auch hier: Was mich bei anderen stört, spiegelt eigentlich nur meine eigenen Schattenseiten wider, die ich bei mir selbst nicht sehen will. Ablehnung ist immer das beste Indiz dafür, dass in einem selbst noch ein ungelöstes Problem schlummert.

Der Nährboden für den Leidenden ist also die Erfahrung, dass ein deutlich geäußertes Leiden etwas Positives nach sich ziehen. Aus diesem Grund lässt der Leidende sein Leid auch nicht los. Ist ja auch logisch. Dann wäre ja die Energiequelle im Eimer. Und Mitleid wird als eine Form von Liebe angesehen, die es zu erhaschen gilt. Diese Verknüpfung von Leid und Liebe ist eine gute Grundlage, um beim Jammern zu bleiben.

Wie reagieren Menschen auf dich, wenn du leidest?
So schlimm dein Leid auch ist: Frag dich, was du letztlich davon hast, wenn es dir mal nicht so gut geht.

IRGENDEINEN GEWINN VERSPRICHT MAN SICH VON EINER VERHALTENSWEISE INSGEHEIM IMMER SONST WÜRDE MAN JA DAMIT AUFHÖREN.

DAS ENDE DES LEIDENDEN

Wie bereits erwähnt, winkt dem Leidenden ein hoher Profit, wenn er in Aktion tritt. Zumindest verspricht er sich das. Dementsprechend ist auch dieses Ego nicht gewillt, seinen Aktionismus einzustellen. Denn auch er hat seine Glaubenssätze, und die tut er lauthals kund:

»Mich versteht doch jetzt schon niemand. Wenn ich mich verändere, merkt doch gar keiner, dass ich der ärmste Wurm der Welt bin! Wenigstens das sollen die Menschen wissen! Solange ich zu verstehen gebe, wie schlecht es mir geht, kümmern sich wenigstens noch ein paar Leute um mich oder fragen, wie es mir heute geht. Ansonsten interessiert sich kein Schwein für mich! Keine Besuche mehr, keine Nachfragen, keine Aufmerksamkeit! Um Leute, denen es gut geht, kümmert man sich nicht! Sie sind Mitläufer, die keine Beachtung bekommen! Wieso sollte ich mich glanzvoll von der Masse abheben? Eben! Also bleibe ich lieber beim Jammern und Leiden, da weiß ich, dass es funktioniert!«

Mein Worst-Case-Szenario
So. Du hast also mit dem Leiden aufgehört. Niemand sagt mehr: »Oh Gott, das ist ja wirklich schlimm!« Keiner schaut dir beim Zähnezusammenbeißen zu und drückt dir die Daumen. Was bleibt übrig? Nichts. Du wirst zu einem dieser Menschen, die überhaupt keine Beachtung bekommen. Niente, nada, nix.

ODER WIE SIEHT DEIN WORST CASE AUS?

WAS ICH VON MEINEM LEIDENDEN HABE
Durch ihn lernen wir, unseren Gefühlen Ausdruck zu verleihen. Auszusprechen, was uns bewegt. Unseren Schmerz nicht zu verstecken.

ECHTE VARIANTE DES LEIDENDEN

Fällt die Verzerrung weg, bleibt Folgendes stehen:

Der Gefühlskommunikator. Er ist dazu in der Lage, sich mitzuteilen. Und dabei nicht nur das Angenehme, das in ihm vorgeht, kundzutun.

WIE DU DEN LEIDENDEN ÜBERWINDEST

Mach dir klar, dass dem Leidenden eine fehl geleitete Annahme zugrunde liegt: »Niemand liebt mich, wenn es mir gut geht.«

Das Ausdrücken von Leid ist mit der Erfahrung verbunden, Aufmerksamkeit zu bekommen. Schenk dir zuallererst selbst die Aufmerksamkeit, die du dir so sehr wünschst! Tu dir selbst Gutes, statt andere durch Manipulation (indem du anderen ein schlechtes Gewissen machst und Mitleid bei ihnen erzeugst) dazu zu bringen, es für dich zu tun.

Affirmation:

»Ich nehme das Leben dankbar an mit allem, was es mir bringt!«

MEINE SELBST FORMULIERTE, STÄRKENDE AFFIRMATION

DER SICHERHEITSFANATIKER

»Jaaaa, das verstehe ich schon. Klar, du hast ja recht. Aber weißt du, die Sache ist einfach zu risikoreich. Ich meine, Träume sind schön und gut. Aber ich kann ja auch nicht so tun, als gäbe es kein Morgen.« Holger macht eine Kopfbewegung, die andeutet, dass es dazu nichts mehr zu sagen gibt. Wenn man versucht, ihm klarzumachen, dass er im Begriff ist, sein Leben zu verschlafen, wird er auf alles mit genau dieser Antwort reagieren.

Im Tarot gibt es die Karte des Narren. Er wird als Gestalt dargestellt, die scheinbar naiv am Abgrund tänzelt, seine Performance in Wahrheit aber mit einer unendlichen Leichtigkeit darbietet. Das Risiko abzustürzen ist in jedem Augenblick gegeben. Doch das interessiert den Narren nicht. Der Sicherheitsfanatiker ist der, der vom Boden aus dem Narren zusieht, ihn kritisiert und ihn als verrückt oder vielleicht auch als mutig bezeichnet. Doch Sicherheit geht diesem Ego über alles, sodass es ein langweiliges Leben auf dem Boden ohne Tanz vorzieht. Sicher ist sicher.

DER NAME DEINES SICHERHEITSFANATIKERS/
DEINER SICHERHEITSFANATIKERIN

Meine 26 EGOS und ICH **211**

CHARAKTERISTIK
»Nur kein Risiko eingehen!«

Das ist die Prämisse. Dieses Ego wittert in allem und jedem potenzielle Gefahr und sorgt deswegen in allen Lebenslagen für Netz und doppelten Boden, falls man die Luftnummer überhaupt wagen will. »Sicher ist sicher!«, und sicher will er leben. Das Leben ist in seinen Augen generell ein Risiko, das es in jedem Moment gut abzuwägen gilt.

Der Sicherheitsfanatiker sieht immer nur die Beispiele anderer, bei denen es schief gegangen ist. Statt in jungen Jahren eine Lebensversicherung abzuschließen, die Weltreise machen? »Ja, du hast recht, das wäre schon toll. Aber stell dir mal vor! Ein Bekannter der Meiers, der hat das gemacht. Und dann hatte er einen schweren Unfall und konnte nicht mehr in seinen alten Beruf zurückkehren. Mein Gott, stell dir das mal vor! Nein, nein, da bleib ich lieber zu Hause und freu mich auf die Auszahlung in 25 Jahren.«

Die sichere Komfortzone ist scheinbar dermaßen kuschelig, dass es keinesfalls eine Option ist, sie jemals zu verlassen. Viel zu gefährlich. Es drohen unter anderem:
- der finanzielle Ruin
- diverse Krankheiten (zum Beispiel bei Reisen in ganz gefährliche Tropenländer wie etwa Thailand)

- der Verlust der Partnerin/des Partners, wenn man einfach das täte, was man wollte (weshalb man sich lieber ein Leben lang verstellt, sicher ist sicher)
- das Risiko, mal richtig Spaß zu haben. Denn dann könnte man merken, dass es auf der sicheren Seite sonst nicht so lustig ist. Und das wäre ja traurig.

Hand aufs Herz: In welchen Situationen erzählst du dir und anderen, dass du dies oder das gern machen würdest, dass das aber viel zu risikoreich wäre? Und damit sind nicht wirklich lebensgefährliche Aktionen wie Bungee-Jumping gemeint!

MACH DIR BEWUSST, DASS AUCH DAS LETZTLICH AUSREDEN DES EGOS SIND.

SEINE EXISTENZGRUNDLAGE
»Da! Schau! Was dem alles passiert ist!«

Entweder ist der Sicherheitsfanatiker genährt von den Erfahrungen anderer, die er um jeden Preis vermeiden will. Oder aber er hat selbst schlechte Erfahrungen gemacht und versucht nun, sich vor einer Wiederholung tunlichst zu schützen.

Im Grunde übt er einen starken Kontrollzwang über das Leben aus, das er andernfalls nicht mehr bestimmen könne.

Dieses Ego redet dir ein, dass dein Leben ständig und überall in Gefahr wäre. An der Oberfläche geht es meist um Materielles oder darum, eine Person oder deine Gesundheit zu verlieren. Doch was bedeutet das genau? Geht es nicht in letzter Konsequenz darum, infolge des Verlustes zu sterben? So weit denken nur die meisten nicht. Es wird tunlichst vermieden, sich die Konsequenzen auszumalen, das wäre ja zu schrecklich!

Bei keinem anderen Ego ist es so wichtig wie bei diesem, sich wirklich detailliert den Worst Case auszumalen. Denn der Sicherheitsfanatiker vermeidet dies tunlichst. Ist einem aber erst einmal klar, dass man durch den Verlust des Arbeitsplatzes nicht stirbt (zumindest nicht in unseren Breitengraden – dank der sozialen Fangnetze), kann man sich klarer die Frage stellen: Was habe ich eigentlich wirklich zu verlieren? Die richtige Antwort lautet: nichts. Außer deiner Unzufriedenheit mit dem Leben.

Tiefe Verunsicherung, mangelndes Vertrauen ins Leben, Angst davor, ins Nichts zu fallen – die Nährböden dieses Egos liegen allesamt im Bereich des Wurzelchakras, das auf der Höhe des Steißbeines liegt. Gern zeichnen sich auch in dieser Gegend die körperlichen Folgen solcher Ängste ab: Ischias, Impotenz, Inkontinenz … Die Reihe ist lang. Ist es das alles wirklich wert?

Woher kommen all diese Ängste, etwas verlieren zu können? Wer in deinem Umfeld hat dich da geprägt? Fühl in dich hinein, wo diese Angst, alles verlieren zu können, sitzt.

UND MACH DIR KLAR: ELTERN ALS VORBILD FÜR BESTIMMTE DENK- UND VERHALTENSWEISEN MÖGEN EINE URSACHE SEIN. ABER SIE SIND KEINE AUSREDE, UM ALLES BEIM ALTEN ZU LASSEN!

DAS ENDE DES SICHERHEITSFANATIKERS

Da er dir einreden will, dass dein gesamtes Leben im Eimer wäre, wenn du ein Risiko eingehst, ist der Sicherheitsfanatiker natürlich nicht gewillt, einfach so aus deinem Leben zu verschwinden. Er muss dich doch vor all diesen Risiken des bösen Lebens warnen. Und so spricht er auch zu dir, wann immer du dir überlegst, etwas Spannendes zu tun …

»Wenn du mich aufgibst, wird deine Welt total aus den Fugen geraten! Siehst du nicht, wie riskant hier alles ist? Wenn du nur einmal nicht hinschaust, kann alles, aber auch alles total schiefgehen! Verletzung, Schmerz, Enttäuschungen … all das wartet auf dich, wenn du mich loslässt. Also halt an mir fest, denn ich habe die Kontrolle über alles!«

Mein Worst-Case-Szenario
Nimm das größte Sicherheitsrisiko, das du dir nur vorstellen kannst. Mal dir wirklich mal im Detail aus, was im allerschlimmsten Fall drohen würde. Und mach dir bewusst, wie dein Leben dann weitergeht. Denn: Es wird weitergehen.

UND FRAG DICH, OB DAS, WAS DEIN SICHERHEITSFANATIKER DIR EINREDEN WILL, WIRKLICH EIN LEBEN IST!

Meine 26 EGOS und ICH

WAS ICH VON MEINEM SICHERHEITSFANATIKER HABE

Er zeigt uns, dass es durchaus auch eine gute Sache ist, dass wir neben den Gefühlen auch einen Verstand haben. Mit diesem können wir planen und organisieren.

ECHTE VARIANTE DES SICHERHEITSFANATIKERS

Fällt die Verzerrung weg, bleibt Folgendes stehen:

Der vorausschauende Planer. Es ist gut, seinen Verstand einzusetzen und ihn für sich zu nutzen. Der Sicherheitsfanatiker setzt ihn gegen uns ein. Aber es geht auch genau andersherum.

WIE DU DEN SICHERHEITSFANATIKER ÜBERWINDEST

An dieser Stelle müssen wir eine unserer größten Illusionen aufgeben: die Idee, dass man das Leben kontrollieren kann.

In Wahrheit gibt es nichts zu kontrollieren. Mach dir bewusst, welche Ängste in dir hochkriechen bei der Vorstellung, jegliche Kontrolle loszulassen! Allem voran steht das Bewusstsein für deine Blockaden.

Affirmation:

»Ich nehme das Leben dankbar an mit allem, was es mir bringt!«

MEINE SELBST FORMULIERTE, STÄRKENDE AFFIRMATION

DER FINANZIELLE-SORGEN-HABER

»Ich sag's dir, Hansi, mach nen Bausparvertrag. Da können die Leute reden, was sie wollen.«

Hansi war eigentlich ein unbeschwerter, junger Mann. Eigentlich. Wenn da nicht diese finanziellen Sorgen gewesen wären. Nein, nein, Hansi hatte keine Schulden. Dafür war er viel zu umsichtig und zu sparsam. Hansi hatte Angst, dass ihm das Geld irgendwann ausgehen könnte. Und weil das für ihn ein ganz realistisches Schreckensszenario war, begleitete es ihn auf Schritt und Tritt. Bausparvertrag, Lebensversicherung, Rentenzusatzversicherung, zwei kleine Fonds (aber nur kleine, denn die waren ja schon risikoreich) – Hansi versuchte, sich abzusichern, wo es nur ging. Seine Mutter gab ihm da nur recht. Zufrieden betrachtete sie, wie umsichtig ihr Sohn doch war. Gleichzeitig kam sie aber immer ein wenig ins Schwitzen, wenn sie an die Zukunft dachte. Denn: Man wusste ja nie!

Hilde wiederum hatte einen Traum. Sie wollte schon immer mal nach Spanien fliegen. Der Gedanke, was das kosten würde, brachte sie allerdings dazu, diese Reise immer und immer wieder zu verschieben.

In eine Zukunft, die es vermutlich nie geben würde. Denn Hilde hatte Angst, dass ihr irgendwann das Geld ausgehen könnte. Und dann würde sie es schrecklich bereuen, so viel Geld für einen Urlaub ausgegeben zu haben.

DER NAME DEINES FINANZIELLE-SORGEN-HABERS/
DEINER FINANZIELLE-SORGEN-HABERIN

CHARAKTERISTIK

Der Finanzielle-Sorgen-Haber kommt aus der Familie der Sicherheitsfanatiker. Er hat sich nur spezialisiert. Man würde ja alle seine Träume wahr machen, wenn man nur genug Geld hätte! Und wenn man genug Geld hat, dann könnte es aber eines Tages auch wieder ausgehen, also besser nichts riskieren!

Er schiebt gern alles aufs Rentenalter. Und als Rentner erzählt er einem, dass die Rente nicht reicht. Hat er Schulden, dann blüht er regelrecht auf! Denn dann erzählt er ohne Unterlass, dass man diese Schulden nicht mehr abbauen könne und dass man sich nun definitiv gar nichts mehr gönnen darf. Was auch immer man will, was auch immer man gern tun würde: Der Finanzielle-Sorgen-Haber wird alles daran setzen, dass du es dir keinesfalls gönnst. Und dass du in jedem Fall glaubst, dass die Ressourcen dieser Welt für dich nicht unerschöpflich sind, sondern ein knappes Gut, das es zu horten und zu bunkern gilt.

Was meinst du, dir nicht leisten zu können? Gehörst du zu denen, die zwar Geld haben, aber fürchten, es könnte dir irgendwann ausgehen? Oder hat dich dein Finanzielle-Sorgen-Haber sogar schon in die Schulden getrieben? Beherrscht dich deine Angst vor Mangel so stark, dass er sich auch in der Realität bereits manifestiert hat?

IN WELCHEN SITUATIONEN HAT DICH DIESES EGO IM GRIFF?

SEINE EXISTENZGRUNDLAGE
»Mangeldenken.«

Was er zum Leben braucht, ist in seinen Augen auf dem Planeten begrenzt verfügbar. Weil es angeblich ein Limit gibt, krallt er sich am vorhandenen Geld fest. Und er ist verzweifelt, wenn er mal keines hat. Geld ist für ihn die begehrenswerteste und einzig wertvolle Form von Energie. Dabei spielt es keine Rolle, ob er welches hat oder nicht. Denn für ihn ist es nie genug oder es könnte bald wieder weg sein.

Diese Überlegungen hängen damit zusammen, was er mit Geld verbindet. Was bedeutet Geld? Freiheit? Anerkennung? Macht? Die Frage ist, warum man glaubt, dass man ohne Geld nicht frei, anerkannt oder mächtig sein kann. Dieser gefühlte Mangel in Kombination mit der eigenen Definition von Geld führt dazu, dass dieses Ego alles Erdenkliche daran setzt, Geld zu besitzen und es auf keinen Fall mehr loszulassen. Es redet einem ein, dass Geld ein knappes Gut wäre. Denn gefühlt mangelt es dem Finanziellen-Sorgen-Haber schon immer an Freiheit, Anerkennung usw.

Erforsche dich. Mach dir im ersten Schritt klar, wofür Geld für dich steht. Was wäre anders, wenn du unbegrenzt darüber verfügen könntest?

WELCHE LEBENSBEREICHE WÜRDEN SICH DEINER MEINUNG NACH VERBESSERN? SPÜRE HIN, WELCHE POSITIVEN GEFÜHLE NUN DURCH DIESE GEDANKEN BEI DIR ENTSTEHEN!

FINDE IM ZWEITEN SCHRITT HERAUS, WO DER URSPRUNG DESSEN LIEGT, DASS DU DIESE POSITIVEN GEFÜHLE NICHT IMMER SPÜREN KANNST!

Diese zwei Aspekte sind aufs Engste miteinander verknüpft.

DAS ENDE DES FINANZIELLE-SORGEN-HABERS

Wir wissen es bereits: Egos haben Angst zu sterben. Und auch der Finanzielle-Sorgen-Haber will leben. Geht es ihm an den Kragen, dann versucht er natürlich, dir Angst einzujagen.

»Ich werde pleite sein! Und Geld regiert die Welt! Ich muss dafür sorgen, dass ich materiell versorgt bin. Und das ist es schließlich, was zählt! Wie soll ich für mich und meine Lieben sorgen, wenn ich meine Bedenken über

Bord werfe? Sterben werden wir, sterben! Geächtete der Gesellschaft, Habenichtse! Ich würde leichtsinnig mit dem Geld prassen, als gäbe es kein Morgen. Und dann werde ich mich schön dumm umschauen, wenn nichts mehr da ist. Dann werde ich es bitterlich bereuen, bitterlich!«

Mein Worst-Case-Szenario
Mal dir einmal aus, wie es wäre, kein Geld mehr zu haben. Rein gar keins. Auch keine Krediterweiterung, nichts. Völlig abgeschnitten von jeglichem Geldfluss. Was passiert dann? Wie sieht dein Leben aus?

BLICKE HINTER DIESEN VORHANG AUS ANGST,
UND SCHAU, WAS DAHINTER IST!

WAS ICH VON MEINEM FINANZIELLE-SORGEN-HABER HABE

Solange du in einer materiell dominierten Welt leben möchtest, ist es mitunter sehr klug, mitzudenken. Geld ist, wie alles, Energie, und darum solltest du nicht mehr davon verpulvern, als du tatsächlich zur Verfügung hast. Das muss aber nicht mit Ängsten verbunden sein.

ECHTE VARIANTE DES FINANZIELLE-SORGEN-HABERS

Fällt die Verzerrung weg, bleibt Folgendes stehen:

Der kluge Energieverwalter. Erkennen, was die eigenen Ressourcen sind, und die Energie kommen und ziehen lassen. Der kluge Energieverwalter weiß nämlich, dass echter Fluss nur dort entstehen kann, wo man nichts festhält und alles zulässt.

WIE DU DEN FINANZIELLE-SORGEN-HABER ÜBERWINDEST

Hier gilt es zu unterscheiden, ob du reelle finanzielle Herausforderungen zu überwinden hast oder ob sich alles nur in deinem Kopf abspielt. Mach dir in jedem Fall bewusst, dass du in einem Land mit sozialer Absicherung lebst. Ein Blick auf andere Länder, in den Menschen verhungern, relativiert viele Ängste!

Es gibt so viele Menschen auf dieser Welt, die es schaffen, Alternativen zu finden. Raphael Fellmer hat beispielsweise ein Buch über sein Leben ohne Geld geschrieben – das er kostenfrei als E-Book zur Verfügung stellt. Öffne deinen Horizont, und lass einfach neue Gedankenspiele zu. Den Finanzielle-Sorgen-Haber loszulassen ist im Übrigen nicht automatisch gleich bedeutend damit, wirklich kein Geld mehr zu haben. Oftmals ist das Gegenteil der Fall.

Affirmation:

»Ich bin im Energiefluss und bereit dazu, Überflüssiges loszulassen und Neues willkommen zu heißen!«

MEINE SELBST FORMULIERTE, STÄRKENDE AFFIRMATION

DIE SCHAM-MAUS

Franziska wehrte mit gesenktem Blick und entschlossener Stimme ab. »Nein, nein, geht ihr mal allein ins Schwimmbad.« Renate schaute sie verwundert an. »Macht dir das denn gar keinen Spaß, im warmen Wasser zu schwimmen? Ich liebe es! Zumal es der einzige Ort ist, an dem ich mich mal leicht fühle.« Lachend greift sie in ihre Pölsterchen am Bauch. Franziska aber bleibt, so wie immer, zu Hause. In ihren Augen sollten Dicke (und zu denen gehört sie ihrer Meinung nach auch) nicht ins Schwimmbad gehen. So unansehnliche Körper wie den ihren sollte man besser immer unter Kleidung verstecken. Sie findet sich (und andere Dicke) zutiefst unästhetisch. Und schämt sich dafür.

Bernhard hatte nicht damit gerechnet. Als er sich auf der Party bückte, um den Kasten Bier aufzuheben, entfuhr ihm ein lauter Pups. Schallendes Gelächter der Umstehenden. Und ein puterroter Bernhard, der sich in Grund und Boden schämte.

Auch Anna schämte sich. Entsetzlich sogar. Sie hatte eine Vier in Mathe geschrieben. Sie! Wo sie sonst nur Einsen und Zweier bekam. Der Gedanke daran, diese Leistung ihren Eltern zu beichten, trieb ihr vor Scham die Tränen in die Augen. Und was sollte jetzt nur ihre Lehrerin von ihr denken?

Die Scham-Maus zeigt sich in vielen Formen, wie du siehst.

DER NAME DEINER SCHAM-MAUS/
DEINES SCHAM-MÄUSERICHS

CHARAKTERISTIK

Es gibt einfach Dinge, für die man sich schämen muss.
Glaubt sie.

Die Scham-Maus ist sich vieler Dinge bewusst, die so, wie sie sind, nicht in Ordnung sind. In ihren Augen. Häufig hat dies mit ihrem Körper zu tun. Denn sie hat früh gelernt, dass man sich für so vieles schämen kann, angefangen von Blähungen bis hin zu den Geschlechtsteilen.

Auch schämt sie sich gern für ihr Verhalten, ihre mangelnden Talente oder auch einfach dafür, dass sie ist, wie sie ist. Ganz pauschal. Manchmal frönt sie auch dem Fremdschämen. Und versucht auf diese Weise, nicht spüren zu müssen, wofür sie sich selbst schämt. Stattdessen projiziert sie es in diesem Moment auf andere.

Die Scham-Maus schämt sich für ihren Kontostand, ihre zerzauste Frisur, ihre schlechten Leistungen, das alte Auto, ihr mangelndes Wissen, für ihre Eltern, für ihre Kinder, für sexuelle Vorlieben, für die gescheiterte Ehe und so weiter und so fort. Und sie merkt nicht, wie diese unerlösten, schmerzhaften Gefühle sie von innen heraus auffressen, Stück für Stück.

Kaum ein Gefühl richtet letztlich solchen Schaden in uns an wie Scham. Es ist die tiefste Ablehnung unseres Selbst und unseres Seins.

Bei welchen Gelegenheiten erzählt dir eine Stimme im Kopf, dass du dich schämen musst? Wann hältst du dich mit etwas zurück, das du im Grunde deines Herzens gern tun bzw. erleben würdest?

WOFÜR MUSS MAN SICH IN DEINEN AUGEN ÜBERHAUPT SCHÄMEN?

IHRE EXISTENZGRUNDLAGE

Scham ist etwas, das uns anerzogen wird. Denn betrachtet man unterschiedliche Kulturen, wird klar: Wofür man sich hierzulande schämt, kann woanders etwas völlig Normales und Akzeptiertes sein. Welche Moralvorstellungen sind dann die »richtigen«? Und gibt es so etwas überhaupt?

In Wahrheit gibt es nichts, wofür man sich schämen müsste. Doch hat sich dieses Ego erst einmal in unserem Kopf eingenistet, lässt es uns nicht mehr los.

»So, wie ich bin, bin ich nicht in Ordnung.«
»Mein Unterleib ist voll von Dingen, die unsauber und unrein sind und versteckt werden müssen.«
»Alle können alles besser als ich, was mich zu einem schlechten Menschen macht.«

Die Scham-Maus hat ein geringes bis nicht vorhandenes Selbstwertgefühl in Bezug auf bestimmte Dinge. Sie fühlt sich nicht gut genug und verdient ihrer Meinung nach ihre Existenz nicht.

Geh in dich, und mach dir klar, wofür du dich schämst. Lass Bilder und Erinnerungen aufsteigen, woher deine Vorstellung von Scham kommt.

DIESE ASPEKTE SIND ENG MITEINANDER VERKNÜPFT.

DAS ENDE DER SCHAM-MAUS

Die Scham-Maus klingt niedlicher, als sie ist. In Wahrheit ist sie alles andere als ein possierliches Tierchen. Denn kaum ein Ego sitzt so tief verwurzelt in uns wie die Idee, uns schämen zu müssen. Dementsprechend brauchst du viel Liebe und Geduld, um diese Wunden vollständig heilen zu können.

»Wenn ich aufhöre, mich zu schämen, und mich anders verhalte, werde ich mich total blamieren! Wenn ich aufhöre, mich für meine Blähungen zu schämen, werde ich gesellschaftlich ausgestoßen werden! Niemand will mit einer Pupserin befreundet sein! Wenn ich singe, obwohl ich es nicht kann, werden mich alle auslachen! Stehe ich zu dem, was ich liebe, werde ich zum Gespött der Leute werden! Ohne meine Scham würde ich Dinge tun, für die die Gesellschaft mich fallen lassen würde. Hilfe!«

Am Ende wirst aber nicht du, sondern nur deine Scham-Maus fallen gelassen. Das ist zumindest zu hoffen. Und man kann eine Menge dafür tun.

Mein Worst-Case-Szenario
Überlege dir, in welcher Situation du dich in Grund und Boden schämen würdest. Oder erinnere dich daran, wann du dich einmal so richtig geschämt hast. Lass dieses Gefühl in dir aufsteigen. Und mach dir klar, welche Auswirkungen dieses Gefühl auf dein Verhalten, dein Fühlen, dein Leben hat!

INWIEFERN SCHRÄNKEN DICH DIESE SCHAMGEFÜHLE EIN?

WAS ICH VON MEINER SCHAM-MAUS HABE

Sie lenkt unseren Blick auf den Körper, den wir nur allzu oft vernachlässigen. Auch beobachtet sie unsere Eigenschaften und Fähigkeiten genau. Lässt man die eigene Bewertung beim Betrachten außen vor, gibt es ohnehin keine Probleme.

ECHTE VARIANTE DER SCHAM-MAUS

Fällt die Verzerrung weg, bleibt Folgendes stehen:

Die aufmerksame Selbstwahrnehmerin. Sich voll und ganz seiner selbst bewusst sein. Wahrnehmen, was ist. Wer man ist.

WIE DU DIE SCHAM-MAUS ÜBERWINDEST

Schamgefühle loszulassen, ist wohl eine unserer anspruchsvollsten und wichtigsten Aufgaben. Kein anderes Gefühl geht so tief und blockiert uns so sehr wie Scham.

Lerne, deine Schamgefühle zu hinterfragen. Akzeptiere nicht blind die Regeln, die dir die Gesellschaft vorgibt. Wenn man sich beispielsweise mit anderen Kulturen beschäftigt, zeigt sich häufig, dass das, was in der westlichen Welt ein »soziales Gesetz« ist, längst nicht für alle Menschen gilt. Das beweist, dass es auch nur von Menschen gemacht und keine absolute Wahrheit ist.

Nimm dir Zeit, dich diesbezüglich zu erforschen. Gerade bei dieser Reise in dein Inneres kann Unterstützung von außen sehr hilfreich und manchmal auch notwendig sein.

Affirmation:

»So, wie ich bin, bin ich vollkommen und von Gott gewollt!«

MEINE SELBST FORMULIERTE, STÄRKENDE AFFIRMATION

DER MUSS-MACHER

Thorsten nahm gern an spirituellen Seminaren teil. Er genoss die Atmosphäre unter den Teilnehmern, er genoss es, beim Meditieren oder auch beim Trommeln ganz bei sich zu sein. Nur mit einem Satz, den er dort immer wieder hörte, konnte er so gar nichts anfangen. Der Satz klang gut, und hinter ihm stand sicherlich auch eine wertvolle Idee, die man verfolgen könnte. Doch für ihn war er völlig alltagsuntauglich und schlichtweg unrealistisch.

»Du brauchst nichts zu tun. Sei einfach!«

Einfach sein? Wie sollte das funktionieren? Für Thorsten war das einfach Quatsch. »Der Mensch muss etwas machen. Wie soll ich denn nichts machen?« Doch diese Gedanken waren für Thorsten letztlich nur eine Ausrede, um nicht länger als für zwei, drei Seminartage die Ruhe zu suchen. Tatsächlich liebte er es, aktiv zu sein. »Ich bin eben ein Macher!«, sagte er immer zu sich und zu anderen. Dafür bekam er Lob und Anerkennung. Und empfand die Vorstellung von Stillstand im Grunde seines Herzens schon als Bedrohung.

DER NAME DEINES MUSS-MACHERS/
DEINER MUSS-MACHERIN

Meine 26 EGOS und ICH **235**

CHARAKTERISTIK

Der Muss-Macher erschafft sich seine Existenzberechtigung durch permanentes Tun oder das Erzeugen eines schlechten Gewissens, wenn man nichts tut. Denn nur der Fleißige gilt etwas und verdient Respekt!

Leerläufe versucht er zu füllen. Denn alles andere wäre ungenutzte Zeit. Urlaub ist für ihn oftmals eine grausame Folter, zwingen einen viele Reisegefährten doch zu so unnützen Dingen wie faulem Herumliegen am Strand oder zu ausgedehnten Abendessen mit (in seinen Augen) sinnlosen Gesprächen. Er verreist am liebsten nur mit Arbeitsequipment. Geht das einmal nicht, so wird der Muss-Macher nervös. Denn er glaubt eben, immer etwas machen zu müssen. Wie eine Art Zwang, wie eine Sucht. Dabei lenkt dieser Aktionismus primär von der Betrachtung der eigenen Person ab. Wer sich für dauerbeschäftigt hält, braucht sich nicht zu spüren. Er kann sich gar nicht spüren. Und das ist unbewusst gewollt. Arbeiten dient dazu, den eigenen Schmerz zu übertünchen, diese Leere nicht fühlen zu müssen. Und so entsteht ein Teufelskreis, der für den Muss-Macher und oftmals auch für die Menschen in seinem Umfeld belastend ist.

Wie geht es dir, wenn du einmal einfach nichts tun sollst? Nichts tun musst? Falls dich dieser Gedanke nicht erschreckt, wunderbar! Dann frag dich mal, was dich davon abhält, das zu deinem Lebensmodell zu machen!

WAS WÄRE ANDERS, WENN DU AUFHÖREN WÜRDEST
ZU FUNKTIONIEREN?

SEINE EXISTENZGRUNDLAGE
»Ohne Fleiß kein Preis!«
»Schau dir mal den Taugenichts an, der macht es sich ja ganz schön leicht!«
»Jeder muss ein produktives und damit wertvolles Mitglied unserer Gesellschaft sein!«

Oftmals ist der Muss-Macher in einer Welt aufgewachsen, in der Arbeit etwas ist, das gelobt und gepriesen wurde. Fleißige Menschen waren geachtet, faule Leute verachtet. Die Sehnsucht nach Anerkennung in Form von Liebe ist so groß, dass permanent im wahrsten Sinne des Wortes alle Anstrengungen unternommen werden, um sich das zu verdienen.

Kämpfen die einen dabei um Beachtung und Anerkennung auf direktem Wege (»Ich will, dass mein Vater endlich einmal stolz auf mich ist!«), meinen andere, das dadurch gewonnene Geld würde ihr Leben schöner machen. Wobei es zu durchleuchten gilt, wofür finanzieller Reichtum im Leben des jeweiligen Menschen steht. Was genau zwingt einen, die tiefsten, innersten Sehnsüchte nach einem anderen Leben hintanzustellen und stattdessen zu rödeln und sich beschäftigt zu halten? Viele Muss-Macher werden von Männern ausgelebt, die ihren Karrieren nachhecheln und schon beinahe froh sind, wenn sie Überstunden machen können, weil sie gar nicht mehr wissen, was sie zu Hause sollen. Sie werden zu Fremden in der eigenen Familie. Ein schönes Beispiel dafür ist Lou Suffern in Cecelia Aherns »Zeit deines Lebens«. Doch auch Frauen verstricken sich gern in einem Beschäftigungswahn, um sich abzulenken oder um sich eine Existenzberechtigung zu schaffen. Dem liegt eine tiefe Verunsicherung bezüglich der Rolle im eigenen Leben zugrunde. Oder eben ein großes schwarzes Loch im Inneren, das man spüren würde, wenn man einmal aufhören würde zu funktionieren.

Gibt es diese Leere im Leben nicht mehr, diese Sehnsucht nach Anerkennung, löst man diese Angst vor Einsamkeit, kann sich der Muss-Macher nicht mehr halten. Denn dann fehlt ihm der Nährboden.

Was treibt dich an, Dinge zu tun, die du vielleicht gar nicht tun willst? Was lässt dich funktionieren? In welchen Bereichen deines Lebens merkst du das besonders stark?

WAS WÜRDEST DU SPÜREN,
WENN DU VÖLLIG ZUR RUHE KÄMST?

DAS ENDE DES MUSS-MACHERS

Weil das Machen ein Schutzschild ist, ist der Kampf entsprechend heftig. Auch der Muss-Macher wehrt sich, wie alle Egos, mit aller Kraft dagegen, aufgegeben zu werden. Darum wird auch er richtig böse, wenn du auf einmal Frieden mit dir schließen willst.

»Wenn ich aufhöre zu machen, werden mich alle verachten! Niemand duldet Schmarotzer in seiner Umgebung. Ich wäre ein wertloses Subjekt, das niemand respektiert und achtet. Und ohne Respekt und Achtung werde ich untergehen, ein Niemand!«

Mein Worst-Case-Szenario
Nichts mehr machen müssen. Nur noch das tun, was dir Spaß macht. Ausschließlich. Ab sofort. Wie verändert sich dein Leben? Was geht alles schief? Wer wird von dir enttäuscht sein? Was könnte bei dir alles hochkommen?

LASS DICH DARAUF IN EINEM STILLEM MOMENT
GEDANKLICH EINMAL VOLL UND GANZ EIN!

Meine 26 EGOS und ICH   **239**

WAS ICH VON MEINEM MUSS-MACHER HABE

Immerhin bringt er uns ins Aktion. Statt leere Phrasen zu dreschen, animiert er uns, Gedanken und Worte in Taten umzusetzen.

ECHTE VARIANTE DES MUSS-MACHERS

Fällt die Verzerrung weg, bleibt Folgendes stehen:

Der Macher. Jemand, der nicht nur kreative Ideen hat, sondern sie auch umsetzt. Ein Mensch, der ausschließlich tut, was er liebt und was ihn beflügelt.

WIE DU DEN MUSS-MACHER ÜBERWINDEST

Übe dich bewusst im Nichtstun!

Wenn du das gar nicht aushältst, dann mach etwas nebenbei: Beobachte einfach deine Gedanken, wenn du vermeintlich nichts tust. Verstehe, dass du so, wie du bist, ein wertvolles Mitglied unserer Gesellschaft bist. Wertschätzung entsteht nicht aus dem Horten von materiellen Schätzen, sondern durch das Ausleben deiner eigenen Werte, die deinem Sein und anderen dienen.

Affirmation:

»Indem ich bin,
 genüge ich mir selbst und allen anderen!«

MEINE SELBST FORMULIERTE, STÄRKENDE AFFIRMATION

DIE PROKRASTINATORIN

Antonia war einfach großartig. Ihre Talente waren zahlreich, und viele hatten ihr eine erfolgreiche Zukunft vorausgesagt. Sie glaubte sogar selbst, dass sie das alles recht mühelos schaffen könnte. Denn ihr Leben war, als hätte jemand alles Gute vor ihr ausgebreitet und gesagt: »Da, bedien dich! Das ist alles deins!«

Allerdings gab es ein kleines Problem.
Antonia bückte sich nie, um all diese wunderschönen Dinge aufzuheben und für sich zu nutzen.

Sie machte mal dies, sie machte mal das. Vieles fing sie an, weniges beendete sie. Sie träumte davon, wie es wäre, wenn sie erst einmal ganz erfolgreich wäre. Und das fühlte sich gut an. In der Realität aber gab es nie genug Zeit, um diesen Kollegen zu treffen und das nächste Vorgehen zu planen; dann hatte sie keine Lust und fühlte sich einfach nicht danach, etwas zu unternehmen. Ein anderes Mal blieb die Arbeit liegen. Sie wusste zwar, dass die Buchhaltung anstand, sie ging aber viel lieber raus und bummelte durch die Stadt, um sich zu überlegen, was sie anziehen würde, wenn sie erst einmal erfolgreich wäre.
Und so weiter und so fort.

Antonia hatte eine chronische »Krankheit«. Sie hieß Verschieberitis. Oder anders gesagt: Ihr Prokrastinatorin-Ego war richtig groß.

DER NAME DEINER PROKRASTINATORIN/
DEINES PROKRASTINATORS

CHARAKTERISTIK
»Ach, das reicht morgen auch noch!«

Vermutlich einer ihrer Lieblingssätze. Dabei schiebt die Prokrastinatorin nicht nur unliebsame Dinge auf irgendwann. Nein, auch wichtige Entscheidungen oder erfolgsträchtige Projekte werden gern verschoben. Sie ist mir ihrer Art, alles auf eine nicht bestimmbare Zukunft zu verschieben, eine unserer größten Blockiererinnen.

Manchmal bezeichnen wir uns selbst auch gern schlichtweg als faul. »Mein Gott, so bin ich eben. Ich bin nun einmal so faul.« Ein Totschlagargument, mit dem die Prokrastinatorin versucht, anderen Leuten einzureden, dass sie einfach zu sich und ihrer Art stehen würde. Wogegen ja auch nichts spräche. Zumindest nicht, solange wir keine Träume und Sehnsüchte haben, die dafür sorgen, dass wir dann letzten Endes sauer auf uns selbst sind, weil wir wieder unsere Ziele nicht erreicht haben, obwohl wir uns das fest vorgenommen hatten.

Gleichzeitig kann mit diesem Ego eine tief liegende Angst vor Erfolg übertüncht werden. Wer immer 1 000 Gründe dafür findet, Sachen vor sich herzuschieben, sabotiert sich damit selbst und kommt so erst gar nicht in die »Gefahr«, seine Plänen erfolgreich umzusetzen. Klingt komisch, ist aber so. Wer wirklich etwas will, der ist nicht aufzuhalten. Und der verschiebt auch nichts. Der macht es jetzt, sofort, um seinem Traum ein Stück näherzukommen.

Was verschiebst du gern auf später? Mach dir bewusst, warum du das tust! Ist es, weil du diese Dinge nicht magst? Dann finde Wege, sie abzugeben. Oder aber sabotierst du dich damit selbst? Horche in dich hinein! Warum tust du das?

WIE WÜRDE SICH DEIN LEBEN VERÄNDERN,
WENN DU AUFHÖREN WÜRDEST, ALLES AUFZUSCHIEBEN?

IHRE EXISTENZGRUNDLAGE

»Ich habe keine Lust. Und dann mache ich es auch nicht.«
»Dazu habe ich auch morgen noch Zeit.«
»Meine Eltern haben gesagt, dass ich das nicht machen muss.«
»Ich habe keine Lust, Verantwortung dafür zu übernehmen.«
»Wenn ich das jetzt mache und ich damit Erfolg habe, dann würde sich mein ganzes Leben verändern! Oh Gott!«

Alles wäre ok, wenn es nicht eine andere Stimme in mir gäbe, die aber gern ein bestimmtes Ergebnis hätte – was zwangsläufig zu inneren Konflikten führt.

Was kann sich dahinter verbergen?

- Angst vor Kritik.
- Angst vor Versagen.
- Angst vor Erfolg (hier: Angst vor den Konsequenzen).

Wenn ich mein Vorhaben wirklich jetzt durchziehen würde, dann würde sich einiges gehörig verändern.
Und davor hat die Prokrastinatorin gewaltige Angst.

Was hält dich noch in dieser Zwickmühle?

ÜBERLEGE, WER IN SACHEN VERSCHIEBERITIS VIELLEICHT EIN PRÄGENDES VORBILD WAR UND WARUM DU DIESES VERHALTEN KOPIERST!

DAS ENDE DER PROKRASTINATORIN

Es kann auch eine alte, fast lieb gewonnene Gewohnheit sein, die Dinge einfach wieder und wieder aufzuschieben. Und aus seinen alten Gewohnheiten lässt man sich ungern reißen, schon gar nicht von sich selbst. Von daher reagiert dieses Ego auch mit ziemlichen Gemecker!

»Wenn ich alles immer sofort machen würde, wäre mein Leben nur noch stressig! Ich weiß doch längst, dass es hier nicht darum geht, im Leben der Malocher zu sein. Ich mach einfach nur, was Spaß macht, der Rest findet sich schon. Und auch wenn ein anderer mir erzählen will, dass ich dann bestimmte Dinge nicht erreiche: Hey, drauf gepfiffen! Ich leb den Moment und bleib jetzt einfach im Bett! Außerdem, wer braucht schon Ziele und Ergebnisse? Das ist alles nur was für Stresser!«

Mein Worst-Case-Szenario
Stell dir vor, du schiebst deine Träume und Ideen nicht länger auf. Stell dir auch vor, wie es wäre, wenn du jetzt auf der Stelle damit beginnen würdest, alles, absolut alles zu tun, was dafür nötig wäre!

UND DANN SPÜR EINMAL GENAU HIN, WO DIE KLEINEN, VERSTECKTEN SABOTAGEGEDANKEN LIEGEN!

WAS ICH VON MEINER PROKRASTINATORIN HABE

Als Hedonistin ist sie eine wunderbare Lehrerin für ein Leben im Hier und Jetzt. Statt immer nur an die Zukunft zu denken, genießt sie und schert sich nicht um Pflichten.

ECHTE VARIANTE DER PROKRASTINATORIN

Fällt die Verzerrung weg, bleibt Folgendes stehen:

Die Genießerin. Im Hier und Jetzt angekommen.

WIE DU DIE PROKRASTINATORIN ÜBERWINDEST

Löse die gedankliche Verknüpfung auf, dass »Handeln« gleichbedeutend ist mit »Stress«. Das eine muss mit dem anderen gar nichts zu tun haben!

Erlaube dir weiterhin, auch einmal zu scheitern. Etwas unfertig abzugeben. Vielleicht gibt es ein Donnerwetter. Aber davon stirbt man nicht. Und das ist genau die Erfahrung, die du brauchst. Mangelnde Perfektion ist okay. Veränderungen sind okay.

Affirmation:

»Ich öffne mich meiner Handlungskraft
und dem Fluss des Lebens.«

MEINE SELBST FORMULIERTE, STÄRKENDE AFFIRMATION:

DER ÜBEREIFRIGE

Unterschiedlich wie Tag und Nacht – die Prokrastinatorin und der Übereifrige.

Torsten war, wie immer, kaum zu bremsen. Eben hatte er eine Idee gehabt, und nun hing er schon am Hörer und versuchte, einen potenziellen Partner von seinem Durchbruch zu überzeugen. »Und wie genau hast du dir das vorgestellt?«, wollte der Mann am anderen Ende der Leitung wissen. Immerhin sollte er eine Menge Geld in Torstens Idee stecken. »Hm, ja, also, so genau kann ich das noch nicht sagen. Aber es wird großartig werden! Ich werd da mal weiter brainstormen, und wenn ich Genaueres weiß, dann melde ich mich noch mal bei dir, okay?«

Ja, so schafft man es auch, in fast einem Atemzug Interesse zu kreieren und es gleich auch wieder zu zerstören. Der Gesprächspartner jedenfalls hatte innerlich schon abgeschaltet. Und Torsten stand da und hätte sich einmal mehr in den Allerwertesten beißen können, weil die flotten Gäule mal wieder mit ihm durchgegangen waren.

DER NAME DEINES ÜBEREIFRIGEN/
DEINER ÜBEREIFRIGEN

CHARAKTERISTIK

»Können wir das nicht sofort machen?«
»Ich hab dazu schon mal eine Liste erstellt und alles durchgerechnet!«
»Ich weiß, wir kennen uns noch nicht so lange. Aber willst du meine Frau werden?«
»Klavierspielen finde ich auch ganz toll. Das möchte ich gern lernen. Ich hab mir deshalb gestern gleich mal einen Flügel bestellt.«

Der Übereifrige treibt uns dazu an, alles sofort zu machen, am besten gestern schon. Hat er erst einmal eine Idee im Kopf, ist er nicht mehr zu bremsen. Dabei überrollt und überfordert er schon gern mal sein Umfeld. Nicht alle Menschen können und wollen mit diesem Tempo mithalten.

Getrieben von der Annahme, irgendetwas könnte ihm davonlaufen, versucht er, vieles auf einmal zu machen und keinesfalls etwas auszulassen. Ein anstrengender Geselle, der da in unserem Kopf sitzt. Manchmal tarnt er sich als Begeisterungsfähigkeit. Doch das sind zwei verschiedene Dinge. Denn Begeisterung entstammt der Quelle der Freude – Übereifer der Quelle der Angst.

Wann versuchst du, alles auf einmal zu machen? In welchen Situationen bist du nicht zu bremsen, aber auf eine für dich (und/oder andere) stressige Art? Bist du damit schon öfter einmal auf der Nase gelandet?

 WARUM GLAUBST DU, ALLES JETZT SOFORT HABEN/ERLEDIGEN ZU MÜSSEN?

Meine 26 EGOS und ICH

SEINE EXISTENZGRUNDLAGE

»Wenn ich das nicht sofort mache, schnappt mir jemand anders die Idee weg!«
»Wenn ich nicht alles richtig mache, kriege ich Ärger/wird jemand enttäuscht sein.«
»Nur Leistung bringt mir Anerkennung und Lob.«
»Wer viel in wenig Zeit schafft, verblüfft andere und erntet deren Bewunderung.«

Im Grunde ist der Übereifrige der Meinung, dass er so, wie er ist, nicht genügt. Oder anders gesagt: dass er mit weniger oder genau so viel Leistung wie andere nicht ebenso viel Liebe verdient wie sie. Mehr in weniger Zeit zu schaffen, um wenigstens ein Mindestmaß an Liebe zu bekommen, das ist sein Ziel. Diese Unsicherheit, dieses mangelnde Selbstwertgefühl treibt den Übereifrigen an wie eine knallende Peitsche.

Warum verlangst du so viel von dir? Schau dir einmal deine Verhaltensweisen an, und überprüfe, wo du dir mehr abverlangst, als du es von anderen erwarten würdest.

WIESO TUST DU DAS? WAS MEINST DU, DADURCH GEWINNEN ZU KÖNNEN?

DAS ENDE DES ÜBEREIFRIGEN

Ein Ego ist und bleibt ein Ego.

So übereifrig, wie dieses hier ist, wird es natürlich auch nichts anbrennen lassen und sehr eifrig seine Existenz verteidigen, wenn du beschließt, es loszulassen.

»Wenn ich nicht mehr eifrig bin, was will ich denn dann überhaupt noch schaffen? Anders erreiche ich nichts! Durchschnittstypen gibt es zu genüge, da wollen wir uns mal nichts vormachen. Ich treibe mich zu Höchstleistungen an, und so habe ich doch schon so einige mit meinen Ergebnissen verblüfft. Und das soll ich einfach alles aufgeben? So werden wie all die Bremser, die ich verachte? Ach, das kann ich doch nicht wollen!«

Mein Worst-Case-Szenario
Stell dir einmal vor, wie es wäre, wenn du nicht sofort handelst, sondern eine Nacht darüber schläfst. Oder sogar eine ganze Woche! Was wäre, wenn dir wirklich jemand deine Idee wegschnappen würde? Was, wenn du irgendwann aufwachen würdest und dieser Antrieb wäre weg?

MAL DIR DIESE SITUATION AUS. BUNT, BUNTER, AM BUNTESTEN! UND MIT VIEL RUHE UND ZEIT.

WAS ICH VON MEINEM ÜBEREIFRIGEN HABE

Er bringt einen dazu anzupacken. Und manchmal verleiht er uns das Gefühl, wahrlich Flügel zu haben.

ECHTE VARIANTE DES ÜBEREIFRIGEN

Fällt die Verzerrung weg, bleibt Folgendes stehen:

Der Begeisterte. Mit innerem Antrieb das Unmögliche möglich machen. Mitunter sogar in Rekordzeit. Aus reiner Freude und Liebe zu dem, was man tut. Wundervoll!

WIE DU DEN ÜBEREIFRIGEN ÜBERWINDEST

Es geht darum, dem Leben zu vertrauen. Dass das, was zu dir gehört, auch zu dir findet. Ohne dass du hetzen oder etwas erzwingen musst. Wenn du übst, Geduld und Vertrauen ins Leben zu haben, wird das große Erleichterungen für dich mit sich bringen.

Eine Variante, das zu üben, ist, einfach mal eine dieser tollen Ideen oder Gelegenheiten völlig rücksichtslos im Sand verlaufen zu lassen. Und zu beobachten, was dann passiert.

Affirmation:

»Ich erlaube mir, in Ruhe und Stetigkeit langsam zu wachsen.«

MEINE SELBST FORMULIERTE, STÄRKENDE AFFIRMATION

DER ZWEIFLER

Varianten des Zweiflers haben wir ja schon bei anderen Egos kennengelernt – sei es bei der Kann-Nix oder auch beim Sicherheitsfanatiker. Irgendwie sind sie ja alle Zweifler, eben auf ihre ganz eigene Art.

Dennoch verdient der Zweifler in jedem Fall sein ganz eigenes Kapitel. Und dass es das letzte ist, passt zu ihm. Denn oftmals hat er das letzte Wort bei wichtigen Entscheidungen. Dabei gibt es im Englischen den treffenden Ausspruch: »When in doubt, don't.« Zu Deutsch: »Wenn du Zweifel hast, dann lass es.« Und so bleiben dank dieses riesigen Egos viele Träume unerfüllt, viele wunderbare Erlebnisse ungelebt. Oftmals verschwindet der Zweifler im hohen Alter wie durch Zauberhand. Und man sitzt dann in seinem Schaukelstuhl, schaut auf sein Leben zurück und weiß gar nicht so recht, worüber man sich die ganze Zeit eigentlich Sorgen gemacht hat.

DER NAME DEINES ZWEIFLERS/DEINER ZWEIFLERIN:

CHARAKTERISTIK
»Soll ich? Soll ich nicht?«

Holger warf eine Münze. Verdammt. Er sollte das Geschäft eingehen. Aber wie sollte er das machen? Das würde doch nie klappen. Viel-

Meine 26 EGOS und ICH **257**

leicht sollte er die Münzen einfach noch mal werfen. Aber das wäre ja Selbstbetrug. Also beschloss er, seinen besten Freund zu fragen. Der sagte ihm am Telefon, dass er überhaupt kein Problem sähe; Holger würde das in jedem Fall schaffen. Nur zu! Hach, ja, er hatte ja schon recht. Aber … Einmal noch wollte er das Schicksal entscheiden lassen. Wenn der nächste Mensch, der um die Ecke bog, eine Frau wäre, würde er es machen; wäre es ein Mann, bedeutete das, er sollte besser die Finger von dem Geschäft lassen. Es war eine Frau.

Holger ging das Geschäft nicht ein. Der Kollege, der es an seiner Stelle machte, verdiente dadurch ziemlich viel Geld. Und Holger biss sich in den Hintern (im übertragenen Sinne natürlich nur), dass er so an sich gezweifelt hatte.

Ja, so ist er, der Zweifler. Er wirkt mit einer Kraft, die manchmal schier unbezwingbar erscheint. Von allen Egos, die wir so haben können, ist er sicherlich eines der größten, stärksten und mächtigsten. Dabei trägt er bei jedem eine andere Maske. Die einen zweifeln an ihrer Männlichkeit, die anderen an ihrer Intelligenz. Wieder andere zweifeln daran, ob sie etwas riskieren können, andere zweifeln an sich und der Welt im Allgemeinen. Doch letztlich geht es bei diesem Spiel nur darum, wer gewinnt – der Zweifler oder man selbst. Wenn man sich so in unserer Gesellschaft umblickt, ist die Bilanz recht offenkundig: Meistens gewinnt der Zweifler. Denn woher sonst kämen all die ausgebrannten Menschen, die des Hamsterrades überdrüssig sind und es doch nicht verlassen? Woher kämen all die verzweifelten Kinder, die meinen, Schulversager zu sein – obwohl der einzige Versager das System ist, in das sie auf Biegen und Brechen hineingedrückt werden. Woher kämen all diese Menschen, die Dinge tun, die sie nicht wollen, nicht lieben, weil sie aus irgendeinem Grund glauben, dass die Welt zusammenbräche, wenn sie etwas verändern würden?

Sie alle zweifeln daran, dass es eine gute Idee wäre, auf das eigene Gefühl, die innere Stimme zu hören. Denn zwischen ihnen und ihrem Glück steht groß und mächtig: der Zweifler.

Lass dir einen Moment Zeit, und erinnere dich daran, wann die letzte Situation war, in der der Zweifler dich davon abgehalten hat, einen Traum zu realisieren. Welche Argumente hat er vorgebracht, die dich letztlich davon überzeugten, nicht das zu tun, was du eigentlich wolltest?

HALTE DIESE ABERS DES ZWEIFLERS
ALLE EINMAL SCHRIFTLICH FEST!

SEINE EXISTENZGRUNDLAGE

»Ich schaffe das nie!«
»Wenn das schief geht!«
»Lieber auf der sicheren Seite bleiben!«
»Andere können das viel besser.«

Und so weiter und so fort. Diese Liste wäre endlos fortsetzbar. Und doch fußt sie letzen Endes nur auf dem Glauben an dich selbst. Beziehungsweise dem Nicht-Glauben an dich selbst.

Menschen, die an sich glauben, trauen sich prinzipiell erst einmal alles zu. Immer wieder gern denke ich da an Pipi Langstrumpf, die so keck einmal meinte: »Ich habe das noch nie probiert. Also gehe ich davon aus, dass ich es kann.« Was ist nur in unserem Leben passiert, dass wir nicht ebenso denken können? Wieso ist alles, was wir nicht kennen, erst einmal gefährlich oder zumindest suspekt? Warum glauben wir nicht an uns, warum trauen wir uns so wenig zu?

Hier ist der Nährboden für den Zweifler, hier kann er ansetzen. Einen Menschen, der an sich und seine Fähigkeiten glaubt, kann er nicht beeinflussen. Alle anderen sind für ihn ein gefundenes Fressen.

Wo liegt der Ursprung deiner Selbstzweifel? Entspann dich für einen Moment, und lass die Aussagen hochploppen, die dich kritisieren. Sätze wie: »Ach, das schaffst du doch eh nicht.« Wer hat sie gesagt? Und warum hast du sie geglaubt? Was noch viel wichtiger ist: Warum glaubst du sie heute noch?

WAS EINMAL WAR, DAS WAR. ENTSCHEIDEND IST, WAS IST

DAS ENDE DES ZWEIFLERS

Hurra! Ist der Zweifler erst einmal entmachtet, wartet das pralle Leben auf uns! Ein Leben, in dem wir einfach den Moment genießen können, ohne uns ständig wegen der hypothetischen Zukunft in die Hosen zu machen.

Doch der Zweifler wäre nicht der Zweifler, würde er nicht mit aller Macht versuchen, seine Existenz zu retten. Und dieser Kampf ist wohl, neben dem der Dramaqueen und dem des finanziellen Sorgen-Habers, einer der größten.

»Nichts mehr kritisch hinterfragen? An nichts zweifeln? Ich werde versagen, an allen Ecken und Enden! Ich kann doch nichts, habe nichts, und dann will ich einfach in den Fluss des Lebens springen und glücklich sein? Dass ich nicht lache! Mag sein, dass anderen das gelingt. Aber mir doch nicht. Wann habe ich denn schon einmal was auf die Reihe gekriegt? Was Großes? Na? Und wenn, dann war das reines Glück. Doch das Glück wird mir nicht immer hold sein. Ich werde es versuchen – und kläglich scheitern. Und dann wird mein Leben noch viel schlimmer sein, als es jetzt schon ist.«

Mein Worst-Case-Szenario

Nimm einen deiner Träume. Einen, an den du dich nicht heranwagst, weil die Zweifel einfach so übermächtig an dir nagen. Mal ihn dir aus, und lass dich bei der gedanklichen Umsetzung deines Traumes tatsächlich einmal völlig scheitern. Gib

Meine 26 EGOS und ICH   **261**

dem Zweifler recht, in allen Punkten. Und dann schau dir an, wie dein Leben dann ist. Lebst du noch? Atmest du noch? Bist du noch gesund – zumindest nicht weniger als vorher? Mal es dir so richtig aus.

UND DANN SPÜR EINMAL IN DICH HINEIN,
UND ENTDECKE: DAS SCHLIMMSTE,
WAS JETZT EBEN PASSIERT IST, IST DAS LEBEN.

WAS ICH VON MEINEM ZWEIFLER HABE

Natürlich gibt es Dinge im Leben, die wollen abgewägt werden. Zumindest so lange, bis man Angst und Intuition sauber unterscheiden kann. Manchmal schaden ein paar Zweifel nicht. Zumindest nicht, solange es um unwichtige Dinge geht. Oder um gefährliche. Manchmal tut es gut, noch ein wenig zu warten. Der Zweifler kann also auch ein Unterstützer der Geduld sein.

ECHTE VARIANTE DES ZWEIFLERS

Fällt die Verzerrung weg, bleibt Folgendes stehen:

Der Möglichkeitenaufzeiger. Man kann im Kopf einmal alle Optionen durchspielen. Und dazu gehören auch die, in denen nicht alles so gelingt, wie man es sich wünscht. Das ist nichts Schlimmes, sondern dient dem

Abwägen. So kann man auch klar erkennen, was man sich in Wahrheit wirklich wünscht.

WIE DU DEN ZWEIFLER ÜBERWINDEST

Machen! Tun! Fang mit etwas an, das dein Leben vielleicht nicht gleich völlig aus der Bahn wirft. Tu etwas, das dir Spaß macht und bei dem dir dein Zweifler erzählen will, dass das keinesfalls geht. Sing auf einem öffentlichen Platz, oder sprich eine Frau an, von der du glaubst, dass sie in einer ganz anderen Liga spiele. Und zwar mit genau diesem Vorsatz: Ich erlaube mir, dabei zu scheitern! Mach dir klar, dass das in jedem Fall in die Hose gehen wird. Und dann tu es trotzdem. Sei offen für das, was dabei am Ende herauskommt.

Affirmation:

»Ich glaube uneingeschränkt an mich und meine Fähigkeiten!«

MEINE SELBST FORMULIERTE, STÄRKENDE AFFIRMATION

ENDLICH FREI!

Der spirituelle Lehrer Mooji sagt so wunderbar, dass der Mensch, der ohne Ego sei, unmittelbar frei werde von allen persönlichen Beurteilungen. Er nehme das Leben anders wahr, nämlich durch göttliche Augen und mit einem göttlichen Geist.

Der vom Ego Befreite, so Mooji, erlebe nichts mehr als Angriff und bleibe immer in perfekter Ruhe und im vollkommenen Frieden.

Klingt das nicht schön? Wunderschön, würde ich sagen.
Und keinesfalls zu schön, um wahr zu sein.

Mit dem Begriff »Erleuchtung« hatte ich immer so meine Probleme. Bis ich die Definition von Goenka bzw. Buddha hörte. Erleuchtung bedeute, frei von Leiden zu sein. Ja, das war ein Ziel, mit dem ich mich anfreunden konnte. Nicht fixiert auf irgendetwas Kosmisch-Explosives. Nicht so ein abgehobener Heiligenstatus, sondern etwas, das einem ermöglicht, sein Leben hier auf der Erde zu leben und zu genießen, und zwar ausschließlich! Das eigene irdisch-menschliche Leben auf der Erde inmitten der Gesellschaft kann bleiben, wie es ist – nur wird es noch besser, weil es eben kein Leid mehr gibt. In meinem Kopf.

So ist das, wenn die lieben Egos einmal schweigen. Wenn einem niemand mehr erzählt, wie man die Welt zu sehen hat. Und was in der

264   Meine 26 EGOS und ICH

Welt alles anders sein müsste. Wenn man keine Angst mehr vor morgen hat und nicht mehr wegen gestern weint.

Prima. Und wie kommen wir jetzt da hin?

Berechtigte Frage. Gern gebe ich hier die Techniken, Methoden und Werkzeuge weiter, die mir auf meinem bisherigen Weg sehr erfolgreich weitergeholfen haben. Dazu musste ich das Rad nicht neu erfinden. Nur einfach viel ausprobieren, vieles davon wieder sein lassen und das Beste vom Besten herausfiltern.

BENENNE DEINEN FEIND!

Eine sehr wichtige Anregung hast du bereits erhalten. Wobei ich nicht behaupten würde, dass es »meine« Idee war. Vielleicht ist sie schon mehreren Personen vor mir eingefallen. Ich kenne nur keinen dieser Menschen und habe vorher auch noch nie etwas von diesem Konzept gehört. Da ich aber glaube, dass jeder Gedanke und jede Idee ohnehin schon existieren, kommt es auf die Person, von der diese Idee stammt, nicht wirklich an. Wichtig ist allein die Idee, in diesem Fall das Namengeben. Und nun vermittle ich sie durch dieses Buch an dich weiter.

Klienten von mir, die begannen, ihren Egos Namen zu geben (und dabei haben wir uns stets auf das dominanteste beschränkt), erfuhren immer großen Frieden. Denn das Wissen, dass nicht sie diese Zweifler sind, diese Angsthasen, hat sie immer sehr beruhigt. Außerdem war da jemand, den man jetzt beschimpfen und wegschicken konnte. Sie fühlten sich mit einem Mal wieder als Herr (oder Herrin) im eigenen Haus. Mit dem guten Recht, ungebetenen Gästen Hausverbot zu erteilen.

Probier es aus! Das lege ich dir dringend ans Herz! Und erfahre, wie friedlich es wird, wenn du Hildegard, Störfried, Tobi oder Chantalle zeigst, wo die Tür ist.

Im Übrigen ist es gut, sich im Alltag immer einmal wieder an unsere Egos zu erinnern. Nimm dir doch ein paar schöne Zettel, und schreibe darauf »Egon, bist du das schon wieder?«, und häng sie in der Wohnung gut sichtbar auf, am besten in jedem Zimmer einen. Wenn Egon dann das nächste Mal zuschlägt, fällt dein Blick vielleicht auf einen der Zettel. Und du weißt, dass es wieder nur dein Ego ist, das ein Drama veranstaltet. Du kannst es in seine Schranken weisen, und schon wird es wieder ruhiger.

WARUM DAS EINFACHE MANCHMAL ZU EINFACH IST

Wir leben in einer Gesellschaft, die es sich aus irgendeinem Grund auf die Fahnen geschrieben hat, dass das Leben schwer zu sein hat. Denn wenn man sich etwas hart erarbeitet hat, dann hat man es sich auch verdient.

Oh je …

Solange wir das glauben, tut sich die Leichtigkeit schwer, in unser Leben zu kommen. Denn wir wollen es ja gar nicht leicht. Woher sollte sonst all die Anerkennung für unser Lebenswerk kommen? Eben.
Kein Wunder, dass die leichtesten und wirkungsvollsten Methoden bei uns irgendwie in der Versenkung verschwunden sind. Und wenn man sie aus dieser hervorkramt, bekommt man schon mal ein ungläubiges »Was? DAS soll mir helfen?« zu hören.

Was ich dir hier empfehle, sind keine Pillen, die teuer sind und ganz viele Nebenwirkungen haben. Es sind keine Seminare für mehrere Tausend Euro und auch nichts, wofür man einen Guru an seiner Seite bräuchte. Versteh mich nicht falsch. Auch ich war auf zahlreichen Seminaren und habe tolle Menschen getroffen, die mich inspiriert und angeleitet haben. Das ist per se nicht falsch. Meine Erkenntnis aus

Meine 26 EGOS und ICH **267**

meinem bisherigen Lebensweg ist: Tatsächlich braucht es das alles nicht. Scheinbar paradoxerweise habe ich diese ganzen Hilfestellungen aber gebraucht, um zu dieser Erkenntnis zu kommen. Das Leben hat eben seinen ganz eigenen Humor.

Welchen Weg du auch immer einschlägst, um frei von Leid und Kummer zu werden: Wichtig ist, dass du dein Glück in dir findest. Ich bin mir sicher, dass dir die folgenden Methoden dabei zumindest eine tolle Unterstützung sein können.
Vorausgesetzt du praktizierst sie, anstatt sie nur zu lesen und abzunicken.

Das möchte ich gern noch einmal wiederholen:

Das Lesen allein bringt dich nicht weiter. ANWENDEN, damit es wirkt! Solltest du schon in der Lage sein, einfach nur sein zu können, dann Glückwunsch! In diesem Fall brauchst du die Methoden natürlich nicht anzuwenden. Aber dann, mal unter uns, würdest du dieses Buch auch kaum lesen, oder?

IM ATEM LIEGT DIE KRAFT

Die folgenden Atemübungen kommen aus dem Pranayama, also der Erweiterung oder Kontrolle der Lebensenergie (prana). Pranayama ist eine der Säulen des Yoga. Ja, du liest richtig. Yoga bedeutet nicht einfach, dass man sich wie eine Brezel verbiegen muss. Yoga ist eine Lebenseinstellung. Und das traditionelle Yoga ist auf mehreren Säulen aufgebaut. Dazu zählen im klassischen Hatha-Yoga die Asanas (die Übungen, die man bei uns als »Yoga« kennt), Pranayama (Atemtechniken), Kriyas (Reinigungstechniken), eine (ayurvedische) Ernährung, Meditation sowie eine reine Denkweise, frei von Störungen und Negativität. Schließlich noch Shavasana (Tiefenentspannung).

Der Swami, bei dem ich in Rishikesh meine Yogalehrerausbildung absolviert hatte, Swami Sudhir Anand, sagte immer so schön: »Wer den Atem kontrollieren kann, besitzt die Macht über die ganze Welt.« So weit müssen wir hier gar nicht gehen. Fürs Erste reicht es, wenn wir lernen, die Vorteile der bekanntesten Pranayama-Übungen für uns zu nutzen.

Zur Überwindung unserer Egos empfehle ich die beiden folgenden gern und aus vollem Herzen.

Meine 26 EGOS und ICH **269**

ANULOMA VELOMA (WECHSELATMUNG)

Was bringt es?

- Ausgleich und Harmonie, auch in Bezug auf das Denken (gut geeignet für Menschen, die nicht abschalten können und deren Gedankenkarussell sich immerzu dreht)
- gut für Herz und Lungen
- gut für Menschen, die einen hohen Blutdruck haben
- Förderung der Sauerstoffversorgung des Körpers

Wie funktioniert es?

Setz dich in einer entspannten, aber aufrechten Haltung auf den Boden (falls dir das nicht möglich ist, dann gern auch auf einen Stuhl mit Lehne). Die linke Hand ruht auf dem linken Oberschenkel, Handfläche nach oben, Daumen und Zeigefinger berühren sich (Gyan Mudra). Die rechte Hand nimmt ein anderes Mudra ein, das Vishnu Mudra. Dabei sind der kleine Finger, der Ringfinger und der Daumen ausgestreckt, der mittlere und der Zeigefinger sind nach innen gebogen und liegen auf der Handinnenfläche. Falls das Schwierigkeiten bereitet, dann kannst du auch mit Zeigefinger (statt Ringfinger) und Daumen arbeiten und lässt die anderen Finger entspannt zur Handinnenfläche zeigen.

Schließ die Augen, und hebe die rechte Hand. Mit dem Daumen verschließt du das rechte Nasenloch und atmest durch das linke vier Sekunden lang ein. Dann verschließt du mit dem rechten Ringfinger das linke Nasenloch und hältst den Atem für 16 Sekunden. Schließlich öffnest du das rechte Nasenloch und atmest 8 Sekunden aus.

Dann atmest du rechts wieder vier Sekunden ein, verschließt mit dem Daumen das rechte Nasenloch, 16 Sekunden halten, Ringfinger senken und links acht Sekunden ausatmen. Und so weiter.
Das Rhythmus für die Ein- und Ausatmung beträgt 1–4–2. Das bedeutet:
4 Sekunden einatmen
vier Mal so lange halten, also 16 Sekunden, und
8 Sekunden lang ausatmen (als das Zweifache).

Oder
3 Sekunden ein,
12 Sekunden halten und
6 Sekunden aus.

Oder
5 Sekunden ein,
20 Sekunden halten und
10 Sekunden aus.

Je nachdem, wie leicht es einem fällt, den Atem zu halten. Das kann beliebig gesteigert werden. Aber bitte ohne den Superehrgeizigen!

Insgesamt praktizierst du Anuloma Veloma für ein paar Minuten. Du endest, indem du letztlich aus dem linken Nasenloch ausatmest und dann die rechte Hand senkst. Spür für eine kleine Weile, wie du dich jetzt fühlst. Für gewöhnlich ist alles in dir viel ruhiger und ausgeglichener – ein sehr schönes Gefühl!

BHRAMARI PRANAYAMA (BIENENATMUNG)

Auf Hindi bedeutet bhramari »Biene«, daher der Name. Beim Praktizieren wird auch schnell klar, warum dieser Name gewählt wurde.

Was bringt es?
- Förderung der Fähigkeit, mental zu fokussieren
- hilft, zu denken, Zugang zu seinem Herzen zu finden und Freude zu empfinden
- Erhöhung der Atemkapazität und gut für die Stimmbänder

Ich empfinde Bhramari Pranayama immer als sehr beruhigend. Irgendwie kann ich während der Übung an gar nichts anderes denken, denn das Summen/Brummen im Kopf nimmt allen Platz ein. Wundervoll!

Wie funktioniert es?
Auch hier gilt wieder: eine aufrechte, entspannte Sitzposition einnehmen. Steck deine beiden Daumen jeweils in die Ohren, und verschließ sie so. Die Zeigefinger ruhen dabei auf der Stirn, die Mittelfinger auf

den geschlossenen Augen. Die Ringfinger befinden sich jeweils seitlich der Nase, und die kleinen Finger liegen auf dem Mund.

Atme tief durch die Nase ein. Während du auch wieder durch die Nase ausatmest, summst du dabei den Ton »Om«. Der Mund bleibt dabei geschlossen! Der Ton entsteht durch das Vibrieren deiner Kehle. Versuch, dies 10 Mal zu machen, und steigere dich Schritt für Schritt bis auf 20 Mal.

Wenn du fertig bist, lass die Augen noch für einen Moment geschlossen, und spüre nach und steigere dich schrittweise jedes Mal, wenn du übst, bis du 20 Mal hintereinander die Bienenatmung machen kannst.

Was auch immer dich plagt, sei es Zweifel, Zorn oder auch Traurigkeit: Du kannst es auch in deinem Körper spüren.
Jede Emotion, jeder Gedanke ist in deinem Körper wahrnehmbar. Von daher kannst du dir selbst ein großes Geschenk machen, indem du Folgendes tust:

Lass die Emotion in dir aufsteigen. Was sie auch immer ausgelöst hat – es ist egal. Lass sie einfach zu. Statt nun aber der Dramaqueen Platz zu machen, beobachtest du sie. Und das fällt meist am leichtesten, wenn du versuchst, sie in deinem Körper zu lokalisieren.

Was bedeutet das konkret?

Nehmen wir einmal an, etwas macht dich sehr traurig. Die Tränen kommen, und du bist kurz davor, einmal mehr in dein persönliches Drama einzusteigen. Statt das zu tun, schließt du die Augen und spürst in deinen Körper hinein. Wo fühlst du diese Traurigkeit? Ist sie ein Kloß in deinem Hals? Ein Stich in deinem Herzen? Das Verkrampfen deines Magens? Pocht das Knie besonders stark, oder wackelt dabei der linke kleine Zeh? Was immer es auch ist: Bewerte es nicht. Lass es einfach geschehen, und beobachte diese Körperempfindung. Gib ihr Raum, sich auszubreiten. Einfach geschehen lassen. Alles kommt, alles vergeht.

Erlebe, was geschieht, wenn du zum Beobachter wirst, anstatt ein Drama auszuleben! Beobachte so lange, bis die Empfindung schwächer wird. Vielleicht wandert deine Körperempfindung auch, vom Magen hin zum Herzen, zum Nacken … Folge ihr einfach mit deiner Aufmerksamkeit, und lass es geschehen. Wunderbar! Denn so löst sie sich, ganz einfach.

Vergiss dabei nicht das Atmen. Diese Übung ist nicht anstrengend und sollte von dir auch nicht zu einer Anstrengung gemacht werden. Nicht vergessen: Das alles darf und kann sehr leicht gehen!

DIE HERZINTEGRATION

Ich habe, wie bereits erwähnt, wirklich viel ausprobiert. Matrix Energetics, schamanische Rituale, EFT, Hypnotheraphie, systemisches Stellen … und vieles mehr. Es hat alles seinen Platz und seine Berechtigung, seine Anhänger und Kritiker.

Ein Werkzeug aber blieb sehr lange unangefochten (neben dem einfachen Loslassen) auf Platz eins meiner Lieblingsmethoden. Ich wende es bei mir selbst immer wieder an und arbeite auch mit Klienten sehr erfolgreich damit. Es nennt sich »Herzintegration«, genauer MFL® Herzintegration. Gelernt habe ich sie vor vielen Jahren bei Kurt Zyprian Hörmann, der das Lesen des morphischen Feldes (MFL®) auf Seminaren vermittelt. Kurt hat mir erlaubt, dieses großartige Werkzeug auch hier in diesem Buch wiederzugeben, wofür ich ihm sehr dankbar bin. Meines Erachtens kann dieses Werkzeug nicht bekannt genug werden. Denn es ist einfach anzuwenden und höchst effektiv!

Die Anleitung ist aus seinem Kursskript übernommen. Mir ist sie längst in Fleisch und Blut übergegangen. Und ich kann jedem nur raten, die vier Sätze auswendig zu lernen, um die Herzintegration immer und überall praktizieren zu können!
Hier ist erst einmal die Anleitung. Im Anschluss erkläre ich dann konkret, was damit gemeint ist.

Meine 26 EGOS und ICH **275**

DIE MFL® HERZINTEGRATION NACH KURT ZYPRIAN HÖRMANN

Wende die MFL® Herzintegration mit folgenden Schritten, als eine Art Zeremonie, an:

Nimm deine Körperebene zu den folgenden, gesprochenen Worten hinzu: Verschränke deine Arme, klopfe auf beide Oberarme, sprich dabei alles wie folgt:

1. **Ich sehe (fühle, höre, schmecke, spüre)** »Thema« ... gleichzeitig bin ich in Liebe, und ich korrigiere. Sag es genau so, wie du es empfindest, beispielsweise »meine Angst davor, die Prüfung wieder nicht zu bestehen« oder »meine Verletzung, weil mein Partner mich so feige im Stich lässt«.
2. **Ich segne** »Thema«, gleichzeitig bin ich in Liebe, und ich korrigiere. Wiederhole deinen vorherigen Satz, um deine Absicht zu bekräftigen.
3. **Ich nehme** »Thema« **dankbar an, und ich verzeihe mir.** Du kannst noch einmal **alle Punkte einzeln** benennen, gleichzeitig vergibst du dir selbst und nimmst **deine Verantwortung** zu dir.
4. **Und ich gebe** »Thema« **einen Platz in meinem Herzen zur Heilung und Transformation.**
   Dieser Schritt dient zur Integration, Transformation und Heilung.

5. **Füge einen Verstärker für die Zukunft ein. Achte dabei auf positive Formulierungen, wie zum Beispiel »Ich entlasse mich aus …«, »Ich erlaube mir in Zukunft, angstfrei zu sein/mutig zu sein …« etc.**

Wenn du den Verstärker nicht aussprechen kannst, wiederhole die Schritte von vorne. Dies kann bis zu sieben Mal notwendig sein. Oft treten neue Themen/Widerstände/Aspekte auf, die du auch gleich integrieren kannst.

Auch alles Positive lässt sich integrieren.
Beispiel: »Ich gebe mir einen Platz in meinem Herzen« etc.

Die MFL® Herzintegration immer laut aussprechen![3]

Konkret bedeutet das nun was?
Es geht erst einmal um vier Sätze, die wir aussprechen. Dabei wiederholen wir vier Mal die Thematik, die uns beschäftigt.

Beispiel:
Ich merke, wie Wut in mir aufsteigt, weil mein Nachbar schon wieder die Musik so laut aufgedreht hat. Jetzt kann ich mich entweder wie Rumpelstilzchen aufregen und toben oder aber an mir arbeiten. Jawohl, du liest richtig. An mir, nicht am Nachbarn! Denn dem ist es herzlich egal, ob ich

---

3 Wenn du mehr zum Thema Herzintegration erfahren möchtest, findest du weiterführende Informationen in: Kurt Zyprian Hörmann: Fühlen ist klüger als denken! J.Kamphausen, Bielefeld 2011.

Meine 26 EGOS und ICH

mich aufrege oder nicht. Letztlich schade ich nur mir selbst mit dieser Wut. Die Musik wird davon nicht leiser und der Typ nicht rücksichtsvoller.

Statt vor Wut zu kochen, setze ich mich hin und integriere diese Wut. Das kann dann so aussehen bzw. klingen:

»Ich fühle meine Wut auf meinen rücksichtslosen Nachbarn, weil er immer die Musik so laut aufdreht. Gleichzeitig bin ich in Liebe und korrigiere.
Ich segne meine Wut auf meinen rücksichtslosen Nachbarn, weil er immer die Musik so laut aufdreht. Gleichzeitig bin ich in Liebe und korrigiere.
Ich nehme meine Wut auf meinen rücksichtslosen Nachbarn, weil er immer die Musik so laut aufdreht, dankbar an. Und ich verzeihe mir.
Und ich gebe meiner Wut auf meinen Nachbarn jetzt einen Platz in meinem Herzen zur Heilung und zur Transformation.«

Dann atme am besten einfach mal ein paar Mal tief ein und aus. Wer mag, stellt sich dabei vor, wie die Wut ins Herz hineingeht und dort umgewandelt. Ich stelle es mir oft so vor, dass sie ins Herz hineingeht und dort in Goldstaub transformiert wird. Das ist ein Bild, das mir gefällt. Dir sagt vielleicht eher etwas anderes zu; das ist aber zweitrangig. Damit ist schon viel erreicht. Jetzt kann Schritt 5 kommen, wenn man möchte (der ist optional, aber sehr zu empfehlen!).

»Ich entlasse mich jetzt aus meiner Wut. In Wahrheit weiß ich, dass der Typ einfach nicht anders kann. Ich aber kann anders. Ich entscheide mich hier und jetzt für inneren Frieden und Ruhe.«

Was passiert dann? Das kann ich dir sagen. Erfahrungsgemäß sind folgende Varianten die häufigsten Konsequenzen:

1. Ich bin ruhig, und es ist mir egal, dass die Musik laut ist.
2. Die Musik stört mich noch, aber die Wut ist schon mal weg. Ich fühle mich besser.
3. Er dreht die Musik leiser.

Kein Witz. Oftmals führt die Veränderung in uns zu einem Ergebnis im Außen. Weil die Welt eben letztlich nichts anderes ist als die Projektion des Geistes. Wem das zu esoterisch ist, der muss es ja nicht glauben. Ich glaube es nicht, ich weiß es. Weil ich es schon Hunderte Male erfahren habe.

Nun kann es aber sein, dass ich beim Integrieren merke, dass ich keine Lust habe, meine Wut zu integrieren, weil dieser Idiot sich ändern soll und nicht ich! Was mache ich nun? Ich fange von vorne an, jetzt aber mit meinem Widerstand.
»Ich sehe meinen Widerstand, meine Wut auf meinen Nachbarn zu integrieren, weil dieser Idiot sich ändern soll und nicht ich. Gleichzeitig bin ich in Liebe und korrigiere.«
Und so weiter und so fort.

Nenn die Dinge ruhig beim Namen! Wenn dir danach ist, deinen Nachbarn einen Idioten zu nenne, dann tu es! Klarheit und Wahrheit helfen. Ist die Emotion erst einmal integriert, legt sich das ohnehin alles von allein.

Integriere, was das Zeug hält! Immer und überall! Am Anfang mag der Berg riesig erscheinen. Doch Laotse brachte es wunderbar auf den Punkt: »Auch eine Reise von tausend Meilen beginnt mit einem Schritt.« Während ich dieses Buch schreibe, blicke ich zurück auf über vier Jahre täglicher Arbeit an mir. Klingt anstrengend, ist es aber nicht. Ich suche nicht (mehr) zwanghaft nach Problemen in mir. Was kommt, das kommt. Was sich zeigen will, das zeigt sich. Und wenn es sich in Form einer negativen Emotion zeigt, dann arbeite ich damit. Das geht schnell und schmerzlos. Weil ich darin nun viel Erfahrung habe und mir erlaubt habe, dass alles leicht gehen darf. So kommt es, dass mein Berg, der auch einmal groß war, zu einem Häuflein geworden ist. Das stört mich nicht. Auch das kriege ich noch weg, Schritt für Schritt. Mein Alltag ist jetzt voller Freude und Glücksgefühle, die manchmal ein wenig gestört werden durch ein altes Programm. Das macht aber nichts. Denn jetzt habe ich die Macht über mein Leben – und nicht mehr die Störprogramme. Sei es durch eine kontrollierte Atmung, Achtsamkeit, Beobachten, Hinspüren, einfaches Erkennen und Loslassen oder durch eine Herzintegration – jedes Mal bin ich wieder ein wenig leichter. Und noch leichter. Und noch leichter.

Und was ich kann, kannst du schon lange!

O PHASENWEISE LÖSCHEN

Nun weißt du eine ganze Menge über deine möglichen Egos. Du hast vielleicht sogar selbst noch welche in dir entdeckt, die in diesem Buch gar nicht aufgeführt sind. Sehr gut! Doch wie gelingt es uns nun, bei all den vielen Gedanken, die wir tagtäglich denken, die Egogedanken herauszufiltern?

Das ist, wie auch alles Vorherige, reine Übungssache. Und diese macht ja bekanntlich den Meister!

Erst einmal ist es gar nicht so einfach, altvertraute Glaubenssätze als Egomasche zu entlarven. Denn wir hatten diese Gedanken schon so oft, dass sie uns als natürlich und wahr erscheinen. Ja, wir würden nicht einmal auf die Idee kommen, dass sie nicht wahr sein könnten!

Wie merke ich das nun also?

Grundsätzlich gilt:

Jeder Gedanke, der uns nicht aufbaut, fröhlich stimmt oder Wohlbehagen auslöst, stammt vom Ego.

Jeder Gedanke, der nicht reine Liebe ist, Liebe zu mir selbst und zu anderen, stammt vom Ego.

Jeder Gedanke, der sich nicht so anfühlt, als würde er mich achten und ehren, stammt vom Ego.

Oftmals sind wir so verstrickt in unsere negativen Gedanken, dass uns gar nicht auffällt, wie negativ sie sind. Daher sind die folgenden Phasen hin zu mehr Lebensfreude wichtig und unterstützend.

PHASE 1: BEOBACHTE DEINE GEDANKEN!

Dies ist keine Übung, die du einmal machst und dann ist alles erledigt. Vielmehr solltest du dir angewöhnen, diese Übung täglich zu absolvieren wie das Zähneputzen am Morgen.

Wie oft und wie genau du übst, ist deine Sache. Am besten aber machst du es in irgendeiner Form zu deiner Routine – jeden Morgen nach dem Frühstück, auf dem Weg zur Arbeit, nach Feierabend, bei jedem Spaziergang mit dem Hund usw.

Besonders förderlich ist es, sich dabei in der Natur aufzuhalten. Doch diese nicht vor der Haustüre zu haben, ist keine Entschuldigung dafür, die Übung nicht zu machen. Sehr gut funktioniert sie nämlich auch als Meditation in einem ruhigen Raum.

Sei voll und ganz bei dir. Höre deinen Gedanken zu! Lass sie ziehen. Sie kommen und gehen. Du bist der Beobachter und schaust zu, was in deinem Kopf so alles erscheint. Und dann wieder verschwindet. Oder was hartnäckig bleibt. Wichtig ist, dass du dich nicht dagegen wehrst. Sondern vielmehr ganz bei dir bist und dir einmal selbst voll und ganz zuhörst.

Meine 26 EGOS und ICH **283**

Was denke ich?
Welche Gedanken kommen immer wieder?
Bei welchen von ihnen lächle ich?
Bei welchen gehen meine Mundwinkel nach unten?

Mach dir bewusst, dass im Grunde jeder deiner Gedanken dazu beitragen sollte, dass du fröhlich und leicht bist! Schau dir einfach an, wann das (noch) nicht gegeben ist. Das zu erkennen, zu bemerken, was du eigentlich die ganze Zeit so denkst, ist Phase 1.

PHASE 2: HINTERFRAGE DEINE NEGATIVEN GEDANKEN!

Dir fällt auf, dass du Gedanken hast, die dich runterziehen? Die dich blockieren, statt dich glücklich zu machen? Bravo! Damit ist der erste Schritt getan.

Mach dir bewusst, dass du nicht von heute auf morgen mit allen Mustern brechen kannst. Das wäre nun wirklich ein wenig viel von dir verlangt. Fang mit einem an, löse es, und beschäftige dich dann mit dem nächsten. Schritt für Schritt.

Wähle einen negativen Gedanken, der besonders häufig vorkommt. Frage dich, wo er seinen Ursprung hat. Nehmen wir beispielsweise einmal den Satz: »Das schaffe ich nie!« Wann hast du diesen Satz in deinem Leben gehört? Gab es früher Menschen, die dir immer wieder gesagt

284   Meine 26 EGOS und ICH

haben, dass du es nie schaffen würdest? Verbal oder vielleicht auch einfach durch ihre Mimik oder Nichtbeachtung? Oder waren es bestimmte Erfahrungen, die dich diesbezüglich geprägt haben?

Frage dich auch, warum du diesen Gedanken übernommen hast! Warum hast du diesen Menschen geglaubt? Warum überschatten die Erlebnisse der Vergangenheit noch immer deine Gegenwart? Warum haben sie so viel Macht über dich?

Dir all dessen wirklich bewusst zu werden, ist ein wichtiger Prozess. Nimm dir dafür die Zeit, die du brauchst.

PHASE 3: AKZEPTIERE DEINE GEFÜHLE!

Gefühle sind das Ergebnis von Gedanken. Das ist sehr leicht zu erkennen, wenn du an etwas sehr Schönes denkst. Dann lächelst du vermutlich automatisch und fühlst dich wohl. Denkst du hingegen etwa an einen Menschen, dem du lieber nicht begegnen möchtest, fühlst du dich unwohl, wütend oder einfach schlecht. Es ist dieser Gedanke, der zu dem Gefühl führt. Auf dem Weg zu mehr Lebensfreude ist es von essenzieller Bedeutung, das zu verstehen! Es zeigt dir, wie entscheidend es für dein Wohlbefinden ist, was du denkst.

Wenn du dich nun eingehend mit deinen Gedanken beschäftigst, wird es dir nicht gleich gelingen, sie als reiner Beobachter einfach nur wahrzunehmen. Das wird dein Ziel sein. Zu Beginn aber werden diese Gedanken unmittelbar Gefühle nach sich ziehen. In der Regel unangenehme. Du fühlst dich dann verzweifelt, bist wütend auf andere, weil sie dir das eingepflanzt haben, enttäuscht, weil du keine Fortschritte zu machen scheinst usw. Das alles sind natürlich wieder nur deine Egos, die dich in die Falle locken wollen!

Wenn du dich mit der Lehre Buddhas beschäftigst, wirst du früher oder später auf die Bedeutung des Gleichmuts stoßen. »Anicca« (sprich: Anitscha) ist das Zauberwort. Es zählt zu den drei Daseinsmerkmalen (Anicca, Dukkha, Anatta) des Buddhismus. Annica weist auf das Konzept hin, dass alles Seiende unbeständig ist. Was immer da auch an Gefühlen und Empfindungen ist, alles vergeht. Das ist die einzige Konstante im Universum. Nichts bleibt, wie es ist. Das mag bei besonders schönen Ereignissen schade anmuten. Oftmals wünschen wir uns ja, diese Augenblicke mögen nie vergehen! Und dann tun sie es doch.

Gleichzeitig ist diese Vergänglichkeit das, was uns trösten kann. Wie groß der Schmerz auch scheinen mag: Alles vergeht. Auch dieser Kummer, dieser Kopfschmerz, diese Wut. Übe dich darin, das anzunehmen, was ist. Fang mit Gefühlen an, die dich nicht gleich völlig mitreißen. Denk beispielsweise erst einmal an etwas, das dich nur ein bisschen ärgert. Und mach das, während du allein bist, ohne dieser Situation akut ausgesetzt zu sein.

Zum Beispiel ärgert es dich, dass dein Nachbar immer samstagmorgens seinen Rasen mäht. Genau dann, wenn du mal ausschlafen willst! Wenn du mit der Gleichmutsübung anfängst, genügt es, dir das vorzustellen. Denn der Gedanke ist es ja, der das Gefühl auslöst. Dazu brauchen wir den rasenmähenden Nachbarn gar nicht. Gut. Du stellst dir nun also vor, wie du an einem Samstagmorgen gegen sieben Uhr in deinem kuscheligen Bett liegst. Draußen geht das Getöse los. Und die Wut fängt an, in dir hochzukochen. Spürst du sie? Gut! Dann beobachte nun. Schau zu, was in dir geschieht! Woher kommt dieses Gefühl? Wo nimmst du den Ärger körperlich wahr? Welche Gedanken tauchen dabei auf in dir? Schau zu, beobachte, nimm wahr! Akzeptiere, dass du verärgert bist! Wehr dich nicht dagegen. Versuch nicht, deine Gefühle runterzuschlucken bzw. sie zu verdrängen. Und wisse: Alles vergeht. Auch dieser Ärger.

Das wiederholte Erleben deines Gleichmuts wird dir dabei helfen, dein Erleben neu zu programmieren. Je häufiger du die Erfahrung machst, gleichmütig sein zu können, umso leichter wird es dir Mal für Mal fallen. Auch hier gilt: Übung macht den Meister!

PHASE 4: ERSCHAFFE DICH NEU!

Altes loszulassen oder zu löschen ist das eine. Das andere ist die Frage: Was soll an diese Stelle treten? Oder anders gesagt: In was soll sich die destruktive Energie verwandeln?

Bleiben wir bei dem Beispiel: »Ich schaff das nicht!« Du hast den Gedanken als wiederkehrendes Muster erkannt. Hast gefühlt, wo es sich bei dir auf körperlicher Ebene spiegelt. Hast dich mithilfe der im Buch genannten Atemtechniken oder mit viel Gleichmut und Geduld entspannt, sodass es dich nicht mehr aufregt oder dir wehtut. Glückwunsch! Jetzt ist es an der Zeit, an die frei gewordene Stelle etwas Positives zu setzen. Programmiere dich neu! An dieser Stelle macht es durchaus Sinn, mit positiven Affirmationen zu arbeiten.

Das Affirmieren ist in den letzten Jahren sehr in Mode gekommen. Und ja, es macht in jedem Fall Sinn, positive Gedanken zu denken. Nur zeigt mir meine Erfahrung, dass ich affirmieren kann, wie ich will – solange das zugrunde liegende, negative Muster weiter in meinem Unterbewusstsein tobt, kann ich es maximal übertünchen. Deshalb ist es aber nicht weg. Wenn ich ein altes Haus von Grund auf renovieren will, werde ich nicht darum herumkommen, die alten Tapetenschichten von der Wand zu reißen. Das Alte muss erst weg, bevor Platz für Neues ist. Damit es Haftung hat, damit es bleibt.

288   Meine 26 EGOS und ICH

So kann jetzt deine neue Wahrheit, deine wirkliche Wahrheit in deinem Denken Platz finden. Sie kann beispielsweise lauten: »Alles gelingt mir mit Leichtigkeit!« Ob du dir mit diesem Satz noch etwas vormachst oder ob du ihn schon wirklich verinnerlicht hast, kannst du daran erkennen, wie du dich dabei fühlst. Wenn dir dieser Gedanke (am besten laut ausgesprochen) ein Lächeln auf die Lippen zaubert und dein Körper von Freude erfüllt ist, dann geht dir der Gedanke auch gerade in Fleisch und Blut über. Wiederhole das, so oft du nur kannst!

Falls du den Satz aber denkst/sagst und das Gefühl hast, dass du dir dabei doch nur selbst in die Tasche lügst, dann gehe noch einmal ein oder zwei Schritte zurück. Entlarve die negativen Muster in dir, die dich davon abhalten, diesen Satz wirklich als Wahrheit zu erkennen und anzuerkennen!

MEIN EGO IST KNALLROT!

Eine weitere Möglichkeit zu erkennen, wann genau das Ego spricht und wann das Herz, ist, sich selbst eine innere, kleine Alarmglocke zu installieren. Die kann so trist oder bunt sein wie das Ego selbst. Was ist damit nun konkret gemeint?

Unser (Unter-)Bewusstsein erschafft unsere Welt, unsere Wahrnehmung der Welt. Das läuft automatisch ab, wir können darauf aber sehr wohl auch bewusst Einfluss nehmen. Was dich dabei unterstützen kann, ist, dass du zunächst einmal dein Ego visualisierst. Setz dich dazu hin, schließ die Augen, und stell es dir vor deinem inneren Auge vor. Was fällt dir am Erscheinungsbild des Egos besonders auf? Hat es eine bestimmte Farbe? Erinnert es dich an einen bestimmten Geruch? Was dir auch immer besonders auffällt, nimm es als signifikantes Merkmal! Und dann triff eine Entscheidung. Entscheide dich dafür, dass dir diese Besonderheit immer dann irgendwo auffällt, wenn dein Ego mal wieder am Werk ist. Konkret kann das so aussehen:

Mein Ego flüstert mir immer wieder zu, dass das Leben so ungerecht sei. Alle haben alles, nur ich nicht. Dieses Ego stelle ich mir nun bildlich vor. Dabei fällt mir ein leuchtendes Rot auf. Es steht offenkundig für meine Wut, die dieser Gedanken in mir hervorruft. Ich entscheide: »Wann immer ich mich wieder mal mit diesem Ego identifiziere und ihm Glauben schenke, fällt mir irgendwo die Farbe Rot auf!« Lass dich überraschen, wie gut das funktioniert, wenn du dich richtig darauf einlässt.

Das geht natürlich auch mit positiven Dingen. Ich habe zum Beispiel eine »Wahrheits-Gänsehaut«. Wann immer ich anderen Menschen etwas über sie sage, das von Bedeutung und tiefgründig wahr ist, überkommt mich dieser Schauer. Es ist ein sehr angenehmes Kribbeln, und es unterscheidet sich deutlich von einem Kälteschauer. Er ist für mich unverwechselbar.

DEIN EGO TAGEBUCH

Damit du einen guten Überblick über deine Fortschritte erhältst, kannst du ein Ego-Tagebuch führen. Am besten besorgst du dir dafür ein kleines Notizbuch, das du immer bei dir tragen kannst.

Wann immer dir ein Gedanke auffällt, der dich belastet, stört oder vom Glück abhält: Notiere ihn mit Datum (!) in dein Büchlein. Wenn du dann später Ruhe hast, kannst du mit den Methoden arbeiten, die etwas mehr Zeit in Anspruch nehmen. Auch wird dir das Datum dabei helfen, später beim Blättern persönliche Fortschritte zu erkennen. Tatsächlich wirst du dich rückblickend, sofern du am Ball bleibst, irgendwann wundern, wie du dir selbst immer so im Weg stehen konntest.

EIN GESUNDER GEIST WOHNT SCHÖN!

Ich werde mich davor hüten, dir an dieser Stelle einen bestimmten Ernährungs- und Lebensstil nahezulegen. Denn ich glaube, dass jeder Mensch individuelle Bedürfnisse hat. Um diese allerdings überhaupt wieder spüren und wahrnehmen zu können, ist es durchaus hilfreich, auch in diesen Bereichen gewohnten Muster nicht nachzugeben. »Mit alten Gewohnheiten zu brechen, ist Gottesverehrung«, lautet ein persisches Sprichwort.

Meine 26 EGOS und ICH

Gib dir die Chance, deine Geschmacksnerven wieder freizulegen! Entdecke, wie schmackhaft dein geliebtes Fleisch sein kann, wenn es von guter Qualität und ohne Soßen zubereitet wird! Lebe mal für vier Wochen vegetarisch, um zu erfahren, wie es sich anfühlt, anstatt es von vornherein aufgrund von Bequemlichkeit oder von Vorurteilen abzulehnen. Weißt du, ob du Rohkost verträgst, oder sagst du das einfach, um es nicht ausprobieren zu müssen? Einen Tag ohne Zucker zu leben, kann eine ernüchternde Erfahrung sein! Und wie viel positive Bewegung schenkst du deinem wunderbaren Körper? Denk daran: Du hast nur diesen einen Körper!

Dein körperlicher Zustand spiegelt auch deinen geistigen Zustand wider. Tust du deinem Körper Gutes, wirkt sich das auch auf den Geist und die Seele aus. Verändert sich dein Denken, zieht das oftmals auch körperliche Veränderungen nach sich, etwa, weil der alte Schutzpanzer nicht mehr gebraucht wird. Die Veränderung wirkt auf allen Ebenen.

Denn wenn erst mal das Loch in der Seele mit Liebe gefüllt ist, muss man nicht mehr versuchen, es mit Süßkram zu stopfen. Das bedeutet nicht, auf die sinnlichen Genüsse des Lebens vollauf verzichten zu müssen. Im Gegenteil: Der Genuss wird mehr werden und das Leben um ein Vielfaches leichter, wenn du auch deinen Körper optimal pflegst und ihn liebst. Denk doch einfach mal darüber nach.

292   Meine 26 EGOS und ICH

11. KURZ UND KNACKIG: DIE TIPPS FÜR DEN ALLTAG

1. Beobachte bei jeder Gelegenheit deine Gedanken! Nutze dafür zeitliche Freiräume wie etwa die Fahrt in der U-Bahn, die Wartezeit in der Supermarktschlange oder auch das morgendliche Zähneputzen!

2. Erkenne deine hartnäckigsten Egofallen, und bestimme ihren Charakter so genau wie möglich!

3. Gib deinen größten Miesmachern einen Namen! Sprich sie immer klar und direkt an, und schaffe damit eine Distanz zwischen dir und den Egogedanken!

4. Übe dich in bewusstem Atmen und Loslassen!

5. Visualisiere dein Ego, und bestimme eine Alarmglocke für den Alltag!

6. Sei gut und nachsichtig mit dir selbst! Übung macht den Meister. Sei also geduldig mit dir, und lobe dich für jeden Fortschritt, den du machst. Dabei kann dir das Ego-Tagebuch eine große Hilfe sein!

7. Schnapp dir ein paar Zettelchen, und erinnere dich selbst durch kleine Hinweise in deiner Wohnung daran, dass nicht alles, was du denkst, auch aus deinem Herzen kommt. Schreibe zum Beispiel darauf: »Egon, bist du das schon wieder?«

SCHLUSSGEDANKEN

Die ganze Welt ist eine Bühne
Und alle Fraun und Männer bloße Spieler.
Sie treten auf und gehen wieder ab,
Sein Leben lang spielt jeder manche Rollen.

William Shakespeare, »Wie es euch gefällt«

Manchmal erkenne ich mein Leben nicht wieder. Manchmal erkennen mich andere Menschen nicht wieder. Meine Mutter zum Beispiel. Die fragt sich nach wie vor wohl, wer da irgendwann heimlich ihr Kind ausgetauscht hat. Dabei wurde ich weder ausgetauscht, noch habe ich mich verändert. Ich bin heute nur mehr ich selbst als je zuvor. Ich bin keine andere, sondern ich werde mir immer ähnlicher. Der Frau, dem Wesen, das ich in Wahrheit bin. Maske um Maske fällt. Und manchmal überrasche ich mich selbst immer wieder dabei. Wenn ich zum Beispiel eine schüchterne Seite an mir entdecke, die ich nie zuvor gefühlt hatte. Denn die alte Silvia, die war tough, superselbstbewusst und hatte immer einen flotten Spruch auf den Lippen. Eine Rampensau, eine grandiose Schauspielerin. Schüchtern? Was sollte das denn sein?

Das begann ich erst zu fühlen, als meine Schutzpanzer fielen. Irgendwann kam eine Schicht, die war so zart und so verletzlich, dass ich mir eine Zeit lang gar nicht mehr vorstellen konnte, fremde Menschen anzusprechen. Ich! Wer mich von früher kennt, denkt jetzt vermutlich, ich schwindle. Tue ich aber nicht. Doch auch das war wiederum nur ein Schutzschild, das fallen durfte. Dahinter war wieder eine selbstsichere Silvia. Aber weniger polternd, weniger laut.

Wie ich in einem Jahr sein werde? Ich weiß es nicht. Muss ich auch nicht wissen. Ich weiß nur, dass ich Ego um Ego liebevoll entmachte und mich damit jeden Tag besser kennenlerne. Dass ich das Leben unendlich liebe und dass ich stolz auf mich bin, meinen Weg zu gehen, ungeachtet meines Finanziellen-Sorgen-Habers, meines Zweiflers und meiner Madame Kann-nix. Meine riesige WG im Kopf, die gibt es nach wie vor. Aber die Mitbewohner werden leiser; manchmal sind sie sogar ganz stumm. Dann brüllen sie mal wieder eine Runde. Ich weiß nicht, ob meine Egos je alle weggehen. Aber von mir aus müssen sie das auch gar nicht mehr. Denn sie quälen mich nicht mehr. Oder nur noch recht selten. Und wenn sie mich quälen, dann weiß ich, was zu tun ist. Dann wiederum gibt es Egos, die erkenne ich nicht. Da zeigen sich bei mir blinde Flecken. Aber das macht nichts. Dann schickt mir das Leben Menschen, die mich darauf aufmerksam machen. Wundervoll! Das kann erst einmal unangenehm sein, schon wieder beim Selbstbetrug erwischt zu werden. Aber darum ist es nicht minder wundervoll.

Und je erfahrener ich darin werde, mich zu sehen und zu erkennen, umso klarer kann ich die anderen Menschen sehen. So, wie sie sind.

Egal, wie viel Theater sie noch machen, wie viele Masken sie auch noch tragen. Wer sich selbst erkennt, erkennt auch die anderen. Und kann nicht anders, als sie zu lieben. So, wie man einem Kleinkind seine Schnute und sein Schmollen gern verzeiht, weil es eben ein Kind ist, so macht einem das Gepoltere der anderen dann auch nichts mehr aus. Oder eben nicht viel. Glaube mir, das ist unendlich befreiend!

Lebensfreude ist so einfach. Einfach Lebensfreude! Das ist es, was ich uns allen wünsche!

Für mich bedeutet Lebensfreude nicht, den ganzen Tag ekstatisch frohlockend herumzuhüpfen. Lebensfreude ist für mich vielmehr die Gabe, das Leben dankbar genau so zu nehmen, wie es ist, und sich daran zu erfreuen. Traurigkeit, Wut, Zweifel – sie können eine Bereicherung sein, eine Quelle der Kraft. Dabei hängt viel davon ab, wie wir mit unseren Gefühlen umgehen und ob wir sie als negativ bewerten. Und das tut nur einer: das Ego.

Nur weil wir mit einem Ego geboren werden oder weil es im Laufe unseres Lebens durch Prägungen wächst, bedeutet das nicht, dass wir es bis an unser Lebensende mit uns herumschleppen müssen. Und schon gar nicht müssen wir uns deshalb schuldig fühlen, uns schämen oder uns als unvollkommen betrachten. Sind etwa die 24 Stunden eines Tages unvollkommen, weil ein Teil von ihnen in der Dunkelheit liegt?

Schön, dass du bis hierhin gelesen hast. Und ich wünsche mir für dich, für mich und für alle, dass du dieses Buch nicht nur lesen und mit dem Kopf erfassen, sondern auch für dich selbst das Beste herausziehen wirst. Pick heraus, was zu dir passt, und lass den Rest einfach weg. Geh deinen Weg und nicht länger den der anderen! Lies Bücher, die dich inspirieren! Geh auf Seminare, die dich weiterbringen! Tu, was auch immer nötig ist, damit du dein Glück identifizieren kannst! Tu es so lange, bis du erkennst, dass du das alles gar nicht mehr brauchst. Bis du frei bist, du selbst zu sein.

Denn am Ende bist du immer nur du selbst. Mögest du dich finden. Alles Gute dafür!

Am Ende möchte ich dir ein für mich sehr wichtiges und bedeutendes Zitat von Nikos Kazantzakis mitgeben. Frei sei ich, so sagt er, wenn ich nichts fürchten würde. Und wenn ich nichts hoffen würde.
Ersteres scheint jedem absolut klar zu sein. Doch dass eine klammernde Hoffnung ebenso unfrei machen kann wie Angst, das vergessen viele. Wahre Freiheit wartet auf den, der weder etwas fürchtet noch auf ein bestimmtes Ergebnis hofft.

DANKE

Ich bin eine Reisende auf meinem eigenen Lebensweg. Dabei begleiten mich immer wieder Menschen. Manche für ein kurzes Stück, manche für länger. Jedem Einzelnen und jeder Einzelnen gebührt ein großer Dank.

An diesem Buch haben viele Menschen Anteil. Exemplarisch für sie möchte ich hier ein paar nennen.

Danken möchte ich dem 2013 verstorbenen Lehrer S. N. Goenka. Auf einem seiner Vipassana-Kurse kam dieses Buch zu mir. Da ich in meiner »freien Zeit« bei dem Kurs nichts anderes tun konnte, als auf meiner Pritsche zu liegen, war genug Zeit und Raum da, um mich voll und ganz zu öffnen. Im Grunde brauchte ich danach nichts anderes mehr zu tun, als diese Gedanken niederzuschreiben.

Einen ganzen Monat lang haben mich Anja und David in Manila beherbergt, wo ich meinen Schreibprozess aufnahm. Danke für eure Gastfreundschaft!

Doch auch in Deutschland bekam ich »Schreibasyl«. Für sechs Wochen durfte ich schreiben, leben und mich inspirieren lassen von einem der faszinierendsten und wunderbarsten Menschen, die mir bisher begegnet sind. Danke, Bernd, für dich und alles, was du mir schon gegeben hast – und für deine Familie, die ich fest in mein Herz geschlossen habe!

Viele haben mich immer wieder dazu ermutigt, endlich Bücher zu schreiben. Und auch am Ball zu bleiben. Sie haben mir wieder und wieder versichert, dass sie meine Texte und Tipps gut und wertvoll finden und dass ich an mich glauben soll. Stellvertretend für all diese Engel danke ich hier Didi, Manfred, Manuela, Gerry, Andrea, Stephanie, Uwe, Delia, Michael Aquarius, Betina und Jenny – allen, die an mich glauben, und auch all den Menschen, denen ich noch nie persönlich begegnet bin, die mir aber durch ihre E-Mails und Feedbacks zu meinen Texten immer wieder gezeigt haben, dass das der richtige Weg ist.

Tolle Arbeit hat »Edelfeder« Raimund Meisenberger geleistet. Er hat mir Mut gemacht, indem er mir seine Arbeit als Lektor angeboten hat – und zwar bevor klar war, dass das Buch von einem Verlag genommen wird. Sein Angebot kam recht überraschend, da uns zu diesem Zeitpunkt kein großes, altes Band verband. Ich nahm es als Zeichen dafür, auf dem richtigen Weg zu sein. Er hat großartig kritisiert und korrigiert. Genau wie meine beiden Schirner-Lektorinnen Karin Garthaus und Claudia Simon. Danke!

In Heidi und Markus Schirner habe ich meine Traumverleger gefunden. Danke, Markus, für all deine wertvollen Tipps! Danke, dass ihr gleich an dieses Buch geglaubt habt und so offen seid für alles, was ihm folgt!

Und mein Dank geht in diesem Zusammenhang auch an Tonio Montel, den Chefredakteur des ENGELmagazins. Er hat mich als noch unbekannte Autorin für das Magazin schreiben lassen und mich so auf meinem Weg unterstützt. Danke, Tonio, für so vieles!

Nicht zuletzt danke ich all denen, die nicht an mich glauben. Denn sie geben mir die Chance, immer wieder aufs Neue zu überprüfen, ob mein Glaube an mich stark genug ist, um weiterzugehen.

München im April 2014

DIE AUTORIN

Silvia Maria Engl weiß aus eigener Erfahrung, wie man sich von den Fesseln alter Verhaltensmuster befreien und endlich ein selbstbestimmtes Leben führen kann. Sie hat ein gesichertes Wohlstandsleben hinter sich gelassen, Hülle um Hülle abgestreift und dabei sich selbst gefunden. Als Coach, Trainerin und Lehrerin unterstützt sie heute andere Menschen auf deren Weg in die Freiheit. Dabei stehen im Zentrum ihres Wirkens das Fühlen und die Intuition, der Weg zu Glück und Lebensfreude.

www.silvia-maria-engl.com

ABBILDUNGSVERZEICHNIS

www.shutterstock.com:

Die Dramaqueen: 212376772 (Zastolskiy Victor)

Der Dramenregisseur: 183267605 (Sunny studio)

Der Größenwahnsinnige: 140500210 (Lightspring)

Die Kleinmacherin: 165871490 (Sergey Nivens)

Die Perfektionistin: 81589666 (Pixsooz)

Die »Dafür ist es zu spät«-Flüsterin: 50830381 (Marijus Auruskevicius)

Die »Ich bin noch nicht so weit«-Beschwichtigerin: 44180566 (jeny.eyre)

Die An-der-Welt-Erkrankte: 58257013 (Serg Zastavkin)

Der Pseudo-Gleichmütige: 191192336 (ArtFamily)

Die Romantikerin: 98244293 (Ollyy)

Die Motze: 203533570 (BlueSkyImage)

Die Superunabhängige: 59347816 (Ollyy)

Der Desillusionator: 140313208 (Sergey Nivens), 148509317 (Sergey Nivens)

Der Rechthaber: 201375932 (Ollyy)

Die Kann-nix: 95028967 (Brian A Jackson)

Die Pseudo-Mutter-Teresa: 191287808 (shipfactory)

Die Kaltherzige: 92809180 (Dr. Cloud)

Die Selbstbemitleiderin: 96798037 (Ollyy)

Der Leidende: 16612744 (johnnychaos)

Der Sicherheitsfanatiker: 76544920 (iko), 157563119 (Ollyy), 204615184 (Valery Sidelnykov)

Der Finanzielle-Sorgen-Haber: 63822814 (originalpunkt)

Die Scham-Maus: 175986578 (AnneMS)
Der Muss-Macher: 52287955 (Ollyy)
Die Prokrastinatorin: 193004726 (Ollyy)
Der Übereifrige: 116847550 (Ollyy)
Der Zweifler: 74422717 (ra2studio)

Ornamente: 118855039 (Irish_design), 132577259 (Irish_design), 93383848 (Irish_design)

EBENFALLS ERSCHIENEN IM Schirner Verlag

Silvia Maria Engl

Meine 26 Egos und ich

Bewusswerdung – Übungen – Geführte Meditationen

ca. 47 Min.
ISBN 978-3-8434-8306-3

Die »Superunabhängige« stemmt wieder alles allein. Sie braucht niemanden – weder Partner noch Familie. Das glaubt sie zumindest. Wer die »Superunabhängige« ist? Eines von vielen Egos, die sich für uns ausgeben und unser Leben lenken.

Silvia Maria Engl zeigt uns, wie wir uns von diesen Egos trennen, damit wir ein selbstbestimmtes Leben führen können. Humorvoll gibt sie uns dafür wertvolle Übungen und Meditationen an die Hand. Auf einfache Art und Weise unterstützen uns diese dabei, Altes loszulassen, sich dem eigenen Selbst zu öffnen und zu neuer Lebensfreude zu finden.